乡村旅游发展与集体社会创业

王心蕊　著

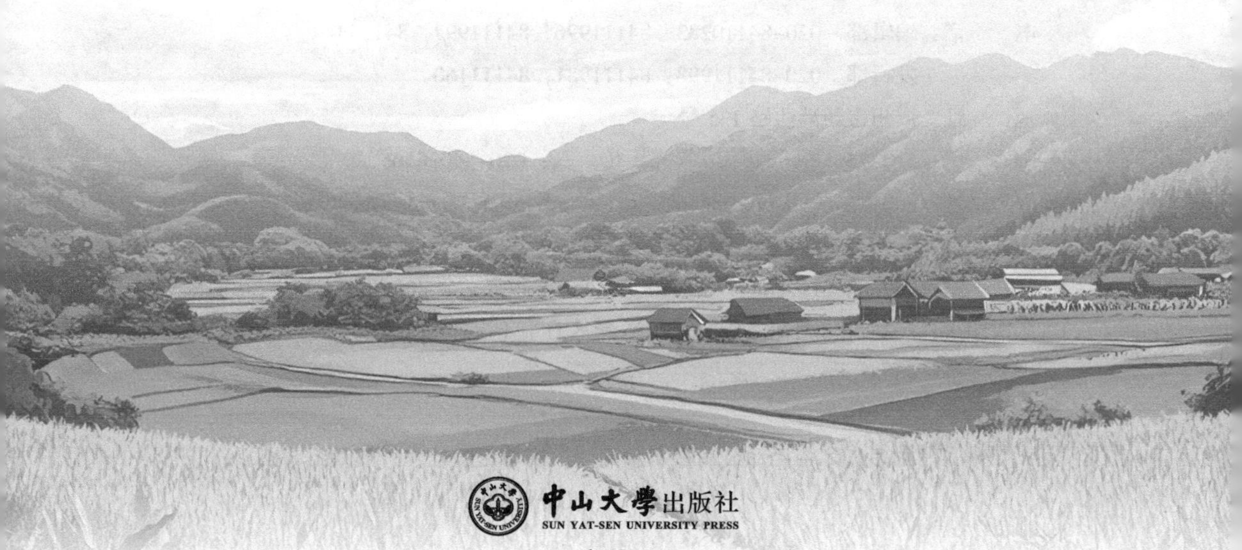

中山大學出版社
SUN YAT-SEN UNIVERSITY PRESS
·广州·

版权所有　翻印必究

图书在版编目（CIP）数据

乡村旅游发展与集体社会创业／王心蕊著．——广州：中山大学出版社，2025.8.——ISBN 978-7-306-08536-8

Ⅰ. F592.771.1

中国国家版本馆 CIP 数据核字第 2025EC4923 号

XIANGCUN LÜYOU FAZHAN YU JITI SHEHUI CHUANGYE

| 出 版 人：王天琪
| 策划编辑：潘惠虹
| 责任编辑：潘惠虹
| 封面设计：林绵华
| 责任校对：马萌萌
| 责任技编：靳晓虹
| 出版发行：中山大学出版社
| 电　　话：编辑部　020-84110283，84111996，84111997，84113349
| 　　　　　发行部　020-84111998，84111981，84111160
| 地　　址：广州市新港西路 135 号
| 邮　　编：510275　　　　　　　传　真：020-84036565
| 网　　址：http://www.zsup.com.cn　　E-mail：zdcbs@mail.sysu.edu.cn
| 印 刷 者：广州小明数码印刷有限公司
| 规　　格：787mm×1092mm　1/16　11.25 印张　202 千字
| 版次印次：2025 年 8 月第 1 版　2025 年 8 月第 1 次印刷
| 定　　价：45.00 元

如发现本书因印装质量影响阅读，请与出版社发行部联系调换

本书的出版获得国家自然科学基金面上项目"双重嵌入视角下乡村旅游社会创业的形成机制及其影响研究"（项目批准号：72272158）、国家社会科学基金重大项目"乡村振兴战略下县域城乡融合发展的理论与实践研究"（项目批准号：22&ZD190）"的资助

序言：迈向集体共生的乡村未来

费孝通曾深刻指出："要认识中国，首先就要认识农民，懂得农民。"在中国城乡发展差距仍较明显的当下，探索乡村内生、可持续的发展路径，不仅关系亿万农民的生计福祉，更关乎中华文明的延续和人类生态文明的未来。实践表明，旅游产业正成为推动中国乡村发展的重要引擎之一。令人欣喜的是，我的学生王心蕊博士，凭借多年来对乡村旅游领域的深入研究与敏锐洞察，完成了这本学术专著《乡村旅游发展与集体社会创业》。本书不仅是一位青年学者的学术结晶，更是对中国乡村发展道路的有益探索。

王心蕊博士是一位拥有优秀学术素养，且富有现实关怀的青年研究者。她在中山大学旅游学院就读本科期间开始关注丽江古城的文化变迁问题，由此踏上学术研究之路。在浙江大学硕博连读期间，她研究了中国人口结构、城乡迁移及土地制度等议题，为其理解中国复杂的社会现实奠定了良好的基础。2016 年获得博士学位后，她回到中山大学任职，参与我主持的国家社科基金重大项目，开始系统探索乡村旅游、回流迁移与旅游创业等研究领域，并先后获得国家自然科学基金青年项目、面上项目资助。围绕着乡村旅游创业的议题，她发表了一系列高质量的学术论文。在她持续的学术研究中，我深切感受到她对田野工作的热忱执着、对问题本质的敏锐把握以及对理论创新的不懈追求。正是这种脚踏实地的研究态度，使她始终保持着对乡村复杂现实的深刻理解，不断提高理论抽象能力，最终促成本书的完成。

本书的核心贡献在于系统阐述了以合作社为代表的集体形式社会创业，并将其作为理解中国乡村旅游发展乃至更广泛乡村复兴的关键路径。王心蕊博士在书中指出，源自西方个体主义传统的社会创业理论，往往过于强调个体能动性，忽视了中国乡村社会中集体文化、关系网络与制度结构的深刻影响。费孝通先生提出的"差序格局"生动描绘了乡村社会的关系模式：在这一文化语境下,个体行动逻辑必然深度嵌入复杂的集体结构之中;乡村资源的整合也必然涉及政府、社区、企业、返乡人员等多元主体之间的互动与协作。若忽略乡村的"集体性"与"公共性",便难以真正揭示中国乡村发展的内在运行逻辑及其深层结构性矛盾。

集体本身具有社会属性,集体形式的社会创业既包容市场逻辑以提升资源配置效率与组织活力,又强调以社会价值(如公平正义、文化传承、生态可持续等)为导向,引导资本流向并规范发展路径。在乡村旅游发展过程中,集体形式的社会创业既尊重个体理性选择,又通过激活和利用"集体禀赋",如集体土地、社区文化、社会资本等,实现超越个体能力的协同共创。由此,集体性的旅游社会创业可作为当代乡村旅游发展的创新路径,并展现出破解乡村发展困境、推动乡村振兴的现实可行性与理论价值。

本书的另一贡献是构建了"集体动员—集体协同—集体效能"的分析框架。该框架清晰地勾勒出集体形式的社会创业组织从萌芽到实现可持续发展的全过程,深入揭示了其运行机制。作者通过对明月村、竹艺村等典型案例的深度剖析,对该框架加以验证与拓展,不仅描述了现象层面的变化,而且进一步剖析了政府引导与市场力量的互动逻辑、多元主体之间的博弈与协商过程、集体认同的解构与重构等内容。这项基于长期田野调查的深入研究,为理论构建奠定了坚实基础,亦为理解乡村旅游与集体社会创业的实践逻辑提供了关键注脚。

本书的出版,在理论层面上挑战了社会创业研究中的个体主义倾向,拓展了社会创业的集体维度,推动了相关研究的本土化进程,并深刻揭示:要理解中国乡村,必须把握其内在的集体基因与社区属性。在实践层面上,本书为破解乡村发展中的集体行动困境提供了具有启发性的创新思路。研究指出,在面对资源约束、文化传承与生态保护等多重挑战时,集体性的旅游社会创业可成为中国乡村发展的可行路径,其蕴含的实践智慧可为全球提供宝贵的中国经验。

斐迪南·滕尼斯(Ferdinand Tönnies)在《共同体与社会》中指出,真正的"共同体"建立在共同意志、亲密情感与集体记忆之上。中国乡村正是这样一个独特且不可复制的共同体。在现代性冲击之下,发挥"集体"的优势,增强共同体意识,是当代学者的重要使命。我相信,《乡村旅游发展与集体社会创业》的出版,必将引发学术界对乡村发展中集体维度与公共价值的广泛关注与深入探讨,推动相关研究与实践迈向新的高度。

作为王心蕊博士学术成长之路的见证者,我谨以此序向她的专著出版表示祝贺,并向所有关心中国乡村命运、致力于探索人类可持续发展路径的读者诚挚推荐此书。愿我们共同努力,在理论与实践的交汇点上,探寻并开拓一条真正属于乡村、依靠乡村、造福乡村的集体共生之路,迈向一个充满活力与韧性的乡村未来。

孙九霞

2025 年 6 月 25 日于康乐园

自　　序

2016年，我初次踏入西南山区的少数民族传统村落。彼时，那个被青山环抱的村庄，正面临旅游开发：镇政府绘制宏伟蓝图，计划将村口的农田改为旅游建设用地；村委会的干部们奔走于各家各户，努力动员农户们同意征地方案。然而，被征地的农户们却陷入纠结之中——他们有的眷恋着世代耕耘的土地，有的则对补偿、安置以及未来的生计心存疑虑，难以抉择。而未被征地的农户们，将旅游发展作为饭后谈资，既有对未来的憧憬，也不乏对变化的担忧。这些情况交织在一起，让我直观感受到了乡村旅游发展的复杂性。这种复杂性，恰似一面镜子，映射出中国乡村转型的艰难历程。乡村的发展从来都不是个体意志的简单叠加，而是裹挟着制度传统、文化惯习与利益博弈的集体行动过程。中国乡村需要在尊重传统与追求发展的平衡之间，找到一条本土化的发展道路。

正是这次田野调查，为我埋下了探究"集体"议题的种子。随着调研的不断深入，乡村旅游发展中的诸多矛盾逐渐显现。这些矛盾背后，隐藏着更为深层的结构性困境：集体产权制度与市场逻辑的碰撞、传统文化与现代化发展的交锋、个体理性与公共利益的调和……这些问题汇聚成一个核心命题：在现代化进程中，中国乡村的集体性该如何存续？又该如何通过创新机制破解集体行动的困境？这一命题的复杂性，既源于中国乡村独特的制度环境与文化底色，也源于全球化与市场化浪潮中传统社会关系的解构与重塑。

这些思考推动着我持续开展乡村旅游研究。早期对人口回流现象的关注，源于我对乡村主体性重建的朴素认知——没有人的回归，何谈乡村振兴？然而，随着我对多位返乡回流者、入乡创业者进行深度访谈，新的困惑也逐渐浮现：城镇化进程已重塑乡村儿女的生命轨迹，我们是否还应该将"落叶归根"视为理所当然的伦理要求？当越来越多的"新村民"带着城市资本与创新理念入驻乡村时,传统的"本村人"与新入驻的"外来者"之间的边界又该如何界定?乡村是否能够构建一种"新型集体组织",既能融合不同群体,又能创造社会价值?在这种思维碰撞中,"社会创业"理念逐渐进入我的研究视野——无论是返乡青年带动乡村发展,还是新村民重构乡村产业体系,他们都通过创业实践实现了经济价值与社会使命的融合。更为突出的是,一些乡村以合作社或自组织的形式开展具有社会价值导向的创业实践,形成了集体社会创业。这种集体创业形式既保持了经济活动的可持续,又蕴含着服务乡村的集体自觉,为破解乡村集体行动的困境提供了新的可能。

基于此,我尝试将"集体"维度纳入社会创业的分析框架,以分析中国乡村的独特性。在这里,乡村不仅是地理空间,更是一个由血缘、地缘、制度与记忆编织的关系网络;在这里,任何发展与实践都无法脱离集体土地产权的制度基础,也无法回避差序格局下关系网络的隐形规制。可以说,从人口回流研究到社会创业探索,再到聚焦"集体社会创业",这种研究路径的演变,既是对现实问题的回应,也是对理论盲点的探索——为中国乡村的现代转型寻找兼具理论解释力与实践生命力的分析框架。

然而,对集体社会创业的理论探索始终充满挑战。乡村的"集体性"并非简单的组织形态,而是嵌入中国社会肌理中的结构性存在。在乡村旅游的特殊语境下,集体社会创业需要兼顾政府、企业、村集体、外来者等多方主体,并涉及旅游发展中的利益分配、资源整合与文化传承等诸多问题。要深入解析这些复杂议题,需要扎实的田野调查与恰当的理论分析。

幸运的是,在我将学术视野转向社会创业时,成功申请到了国家自然科学基金面上项目——"双重嵌入视角下乡村旅游社会创业的形成机制及其影响研究"。项目的资助为我系统推进乡村旅游社会创业研究提供了机会,并陆续发表了几篇学术论文。这些论文探讨了社会创业对乡村旅游社区的积极影响,例如推进共同富裕、促进可持续发展目标的实现等,同时也剖析了社会创业在乡村的形成机制以及政府在其中的关键作用。随着研究的深入,我愈发意识到分散化探索的局限性,尤其是针对"集体旅游社会创业"这一核心概念,亟待构建更具统合性的理论框架。基于这样的认识,我开始构思并着手撰写一部专著,旨在系统阐述乡村旅游发展与集体社会创业的内在关联。必须坦言,本书只是我关于集体社会创业研究的一个阶段性总结,其中仍存在诸多不足之处。与此同时,乡村振兴战略的深入推进、数字技术对乡村社会的持续影响以及代际更替带来的文化变迁，都在不断重塑乡村集体社会创业的内涵与外延。因此，本书既是对过往研究的总结，也是新探索的起点，绝非研究的终点。

本书聚焦乡村旅游发展与集体社会创业，本质上是对中国乡村特殊情境的理论回应。既有社会创业研究多遵循个体主义范式，将创业者预设为具有超凡魅力的变革推动者，强调"个人英雄主义"在社会创业中的作用。然而，这种理论视角难以解释中国乡村的社会现实：在差序格局的文化语境中，个体的创业行动始终嵌入集体关系网络；在土地集体所有制的制度框架下，资源整合必然涉及多元主体的利益协调。

集体社会创业范式的提出，试图突破西方个体主义的理论局限。它既非对集体化时代的简单回归，也非对个体创业模式的机械照搬，而是试图通过制度创新与社会动员，将分散的个体重新组织为利益共享、责任共担的行动共同体。基于此，本书提出将"集体旅游社会创业"作为当代乡村发展的创新路径。这一路径的独特性在于：既包容市场逻辑的运行空间，又强调以社会价值引导资本走向；既尊重个体理性的选择自由，又通过集体禀赋的激活实现协同共创。通过这一路径，本书旨在拓展社会创业的本土化研究，并构建乡村旅游研究的集体范式。

在研究对象上，本书以四川省成都市明月村和竹艺村两个典型乡村旅游地为样本，基于多次实地调研与长时段的追踪研究，深入探讨旅游发展中集体社会创业组织从萌芽、发展到持续的全过程图景。为了系统阐释集体社会创业的内涵，本书构建了"集体动员—集体协同—集体效能"的理论分析框架：①集体动员——揭示制度机会结构与市场机会结构的协同作用，展现政府和市场如何助力集体社会创业组织破解初创困境；②集体协同——剖析合法性建构与社会资本积累的互动影响，解析多元主体如何形成可持续的合作网络；③集体效能——聚焦地方再嵌入与集体认同重塑，阐释社区能力提升及可持续发展的内在逻辑。这一分析框架不仅关注创业主体的组织形态，还注重解析政府、村集体、本地村民、外来者等多元主体互动影响下的社会创业实践及成效，力求全面呈现集体社会创业的复杂性和动态性。

具体而言，本书分为九个章节。

第一章导入乡村旅游发展中的集体议题，并确立研究的问题意识。通过剖析土地集体所有制下的旅游用地困境、村集体组织模式下的多重治理目标、传统文化与旅游发展之间的隐性冲突，揭示乡村旅游发展中集体行动困境的多维性。在此基础上,引入社会创业理念,提出将"集体旅游社会创业"作为破解集体行动困境的解决之道。

第二章系统梳理社会创业研究,搭建理论对话的"坐标"。阐述从商业创业到社会创业的研究脉络,全面总结旅游社会创业研究的相关议题,批判性反思既有研究的个体主义倾向,强调乡村情境与集体维度的重要性。

第三章聚焦农村集体组织的理论溯源。系统梳理全球视野下的典型农村集体组织的形态与特征,以及中国农村集体经济组织的产生与发展,并从文化、制度与治理等不同维度揭示农村集体组织的演进逻辑,为集体社会创业的理论构建与实践探索提供历史基础与经验借鉴。

第四章构建理论框架并阐述研究方法。解析"集体旅游社会创业"的概念内涵,阐释其核心特征,并构建"集体动员—集体协同—集体效能"的分析框架;同时,详细阐释案例选取的标准与方法论设计,为后续的实证研究奠定基础。

第五至七章为实证研究部分。基于对明月村和竹艺村的案例研究,第五章深入剖析制度与市场双重机会结构下的集体动员机制,揭示集体旅游社会创业的生成逻辑;第六章聚焦集体旅游社会创业的实践过程,探讨合法性建构与社会资本积累如何驱动多主体协同合作;第七章基于本土化的可持续发展目标框架,系统梳理集体旅游社会创业的实践成效,阐释地方再嵌入与集体认同重塑在提升集体效能中的关键作用。

第八至九章为结论与余论。第八章总结研究结论,凝练理论贡献与实践启示,并反思本研究的适用边界。第九章以批判性视角审视理想与现实的距离,探讨集体利他主义的实践限度,并倡导"有限市场化"的平衡之道。

对"集体"议题的关注,也让我在集体中找到了学术共鸣。本书的完成得益于诸多良师益友的帮助。感谢我的合作导师孙九霞教授,是您引领我走进乡村旅游的田野,也是您鼓励我将研究成果付梓出版,您对乡村的深刻洞见一直指引着我前行。感谢明月村、竹艺村的所有受访者,你们的开放与信任,让田野调查得以深入肌理;你们的智慧与韧性,是本书最宝贵的灵感来源。感谢我的合作者黄凯洁博士,你对明月村的深入调查是后续研究得以顺利开展的重要基础。感谢我的研究生黄雅妮、曾艳芳、黄丹丹、苏哲豪和王泽铃,你们在实地调研和资料整理中所付出的努力,为本书的完成贡献了不可或缺的力量。

最后,我想将这本书献给我的孩子——小年糕。也许在未来的某一天,你会偶然翻开这本书。我猜想，你或许成长在一个高度个体化、高度虚拟化的时代，但我始终坚信，真正能触动心灵、带来幸福的，是从集体中、从现实中寻得的那份人与人联结的力量。这种力量，是人类永恒的追求。

王心蕊

2025 年 4 月 30 日于康乐园

目 录

第一章　乡村旅游发展中的集体议题　1
第一节　集体与集体行动　1
第二节　乡村旅游情境下的集体行动问题　3
一、土地集体所有制下的旅游用地困境　4
二、村集体组织形式下的多重治理目标　6
三、传统文化与旅游发展之间的隐性冲突　7
四、乡村集体行动之核心困境　8
第三节　可能的解决之道：旅游社会创业　9

第二章　旅游社会创业研究进展　12
第一节　从商业创业到社会创业　12
一、社会创业的研究缘起与概念内涵　12
二、社会创业的核心研究议题　15
第二节　旅游社会创业研究的批判性回顾　19
一、旅游社会创业研究的知识图谱　20
二、研究议题　25
三、研究述评　27

第三章　农村集体组织的理论溯源　29
第一节　农村集体组织的产生与发展　29
一、全球视野下的农村集体组织　29
二、中国的农村集体经济组织　35

第二节　农村集体组织的研究史　38
  一、"集体"的文化：传承与变迁　38
  二、"集体"的制度：适应与演进　40
  三、"集体"的治理：变革与创新　42
 第三节　农村集体组织与集体社会创业　46
  一、实践之维：合作社作为一种集体社会创业形式　46
  二、理论可能：集体社会创业的本土化创新路径　49

第四章　理论框架与研究方法　51
 第一节　集体旅游社会创业：一个整合性分析框架　51
 第二节　案例地选取　56
  一、方法论依据　56
  二、案例地概况　58
 第三节　研究方法　62
  一、数据收集方法　62
  二、数据分析方法　65

第五章　集体动员：双重机会结构下的社会创业组织　68
 第一节　集体社会创业组织的新创困境　68
  一、作为社会创业组织的新创劣势　68
  二、作为集体创业组织的合作困境　70
 第二节　政府在促进集体旅游社会创业中的作用　72
  一、自上而下：制度环境的塑造　72
  二、自下而上：利益相关者的感知　77
 第三节　机制分析：集体旅游社会创业如何形成？　86
 第四节　本章小结　89

第六章　集体协同：多主体参与下的社会创业实践　91
 第一节　明月村：合作社主导的凝聚协作　91
  一、多领域的社会价值创造　91
  二、合作共享促进集体协同　97

目录

第二节	竹艺村：合作社链接的协作网络	98
	一、产业联盟：构建互助合作网络	99
	二、组织体系：弱势群体包容性发展	100
	三、文化传承：非遗手工艺价值再造	101
第三节	机制分析：社会创业如何促进集体协同？	103
	一、组织动态演化：合法性的建构	103
	二、关系网络拓展：社区社会资本的积累	106
	三、集体协同的形成机制	110
第四节	本章小结	112

第七章 集体效能：可持续发展目标下的社会创业结果 —— 113

第一节	多重创业结果：基于本地化SDGs框架	113
	一、可持续发展目标的本地化过程	113
	二、社会创业的可持续发展成效	115
	三、社会创业推动乡村旅游可持续发展的作用路径	119
第二节	集体效能的生成及其影响机制	121
	一、社区层面：地方的再嵌入	122
	二、个体层面：集体认同的重塑	124
第三节	本章小结	127

第八章 研究结论与展望 —— 129

第一节	研究结论	129
	一、乡村旅游情境下的集体行动困境具有多维复杂性	129
	二、集体旅游社会创业是破解困境的创新路径	130
	三、制度与市场的双重机会结构是集体动员的关键动力	131
	四、合法性建构与社会资本积累是集体协同的核心机制	131
	五、地方再嵌入和集体认同重塑是集体效能的形成基础	132
	六、社会创业通过直接路径与间接路径推动乡村社区可持续发展	133
第二节	学术贡献	133
	一、拓展社会创业研究的本土化理论	133
	二、构建乡村旅游研究的"集体"范式	135

第三节　实践启示	136
一、政策支持层面	136
二、组织运营层面	137
三、文化治理层面	138
第四节　不足与展望	139
一、研究局限	139
二、未来研究方向	139

第九章　余　论　　　　　　　　　　　　　　　　141

参考文献　　　　　　　　　　　　　　　　　　　143

第一章　乡村旅游发展中的集体议题

乡村旅游，作为以乡村地域为载体的旅游活动形态，其发展机理与运行逻辑始终与"集体"紧密相连。在中国乡村社会的特殊语境下，"集体"具有双重意涵：其一，作为制度性存在的农村集体经济组织，承载着土地集体所有制下的权利关系；其二，作为社会性存在的群体行动集合，体现着乡土社会网络中的合作机制。这两种维度的集体形态在乡村旅游场域中相互交织，既催生出具有中国特色的集体行动模式，也塑造着乡村旅游发展的独特轨迹。由此，有必要从学理层面对乡村旅游情境下的"集体"议题展开分析，进而探究乡村旅游发展过程中产生的特殊矛盾与治理命题。

第一节　集体与集体行动

集体是若干具有共同利益的个体的集合[1]。作为社会行动的基本单元，集体是一个基于共同目标、利益或认同而构成的互动系统，其特征在于能够产生超越个体简单加总的协同作用结果。因此，集体的形成需满足三个条件：①成员之间存在持续互动的关系网络；②具有一定的共享规范或制度约束；③形成了超越个体的群体身份认同。

集体应当具有明确的边界，即身处集体中的个体能够明确判断自己是否属于该集体。但在实践中，集体不同于正式组织，集体成员的归属判定往往嵌套于具体的社会情境之中。尤其是在中国社会"差序格局"的文化语境下，每个人对"自己人"的定义和理解各不相同[2]。个体基于关系本位视角动态地构建"集体"的范畴，使得集体的边界呈现出与政府、企业等正式组织不同的模糊性、动态性与可变性。此外，随着互联网的快速发展，集体的形态正在发生深刻的变革。集体的活动空间从传统的实体领域向虚拟领域拓展，催生了虚拟社群、混合型集体等形态。新型集体形态的出现，进一步凸显了集体在实践中的复杂性与多变性，也给学界理解集体的本质与特征带来了新的挑战。

集体与集体行动关乎社会整合。埃米尔·涂尔干（Émile Durkheim）关于集体意识的结构功能主义阐释，为理解社会整合机制提供了经典的理论范式。在其著作《社会分工论》（*De la division du travail social*）中，集体意识被界定为"社会成员平均具有的信仰和情感的总和"[3]。涂尔干系统论证了集体意识在机械团结与有机团结两种社会形态中所承担的差异化功能角色：在机械团结的社会中，集体意识通过同质性信仰和情感的强化维系社会秩序；而在有机团结的社会中，集体意识则通过分工协作中的相互依存实现社会整合。集体意识对个体行为的规制，呈现出显性与隐性两种机制：在显性层面，通过制度性奖惩（例如法律制裁）约束个体越轨行为；在隐性层面，借助内化的道德伦理（例如耻感文化）塑造个体的行为偏好。

尽管结构功能主义范式为解释集体行为的产生提供了有益的分析视角，但该范式在一定程度上弱化了个体理性与集体理性之间的矛盾。集体理性并非个体理性的简单集合，个体基于自身利益考量的理性行为，可能会导致非预期的系统性后果，甚至引发集体非理性的行动困境。曼瑟尔·奥尔森（Mancur Olson）在《集体行动的逻辑：公共物品与集团理论》（*The Logic of Collective Action: Public Goods and the Theory of Groups*）中描绘了上述现象，并揭示了集体行动困境的原因，即个体基于"成本-收益"理性计算的结果，往往会产生"搭便车"问题（free rider problem），从而导致公共物品供给陷入"1+1<2"的结果[1]，且群体规模越大，越不容易形成集体行动。这一发现颠覆了传统"群体越大力量越强"的直觉认知。

"集体行动的困境"在公共物品供给、环境保护等领域尤为显著，其中最为经典的隐喻是加勒特·哈丁（Garret Hardin）的"公地悲剧"（tragedy of the commons）[4]。哈丁的研究证明，在开放获取的牧场中，个体牧民为追求收益最大化，其占优策略是过度放牧。然而，这种个体理性行为的累积效应最终将导致草场退化，无人能够继续放牧，从而陷入集体非理性的困境。集体行动困境凸显了个体理性与集体理性之间的深刻背离。埃莉诺·奥斯特罗姆（Elinor Ostrom）将这一困境的核心归纳为可信承诺与相互监督两大难题[5]。通过对公共池塘资源的长期研究，奥斯特罗姆提出自主治理的八项原则：①清晰界定的资源边界；②占用规则与当地条件相适应；

③集体选择安排保障参与者协商权；④有效监督机制；⑤分级制裁体系；⑥冲突解决机制；⑦组织自主权的法律认可；⑧嵌套式企业实现多层级治理。上述原则构建的制度性承诺与互惠预期有效破解了信任与监督难题，为集体行动困境提供了一种制度主义的解决方案。因此，奥斯特罗姆的研究不仅揭示了制度设计在集体行动中的关键作用，还强调了通过制度安排实现个体行为与集体利益协调的可能性。

除对制度进行分析外，亦有学者从情感、文化、心理等角度对集体行动的生成机制进行了深入探讨。基于互动仪式理论的研究表明，社会运动中的情感能量，能够通过创伤叙事的仪式化展演，转化为群体凝聚的催化剂。[6]从而形成了一股超越个体层面的强大力量，推动了道德层面的广泛动员。这一过程凸显了情感在集体行动中的关键作用，揭示了情感动员如何通过仪式化实践实现群体认同的强化与扩展。从文化视角出发的研究则聚焦符号系统的认知重构功能。相关研究发现，象征资本（如国旗、纪念碑等）持续塑造群体认同的边界[7]。在此过程中，集体记忆与权力的动态互动不仅影响了群体认同的形成，还决定了集体行动的文化基础与价值导向。

综上所述，当代社会的集体行动已演化为具有自组织特征的复合系统，涉及制度结构、情感动员与群体认同等多个维度。集体行动的过程与结果不仅取决于正式制度的约束能力，也受制于非正式规范的价值渗透以及群体心理的认知调适。这一演变要求研究者在进行理论建构时必须突破单向的因果逻辑，结合具体的社会文化情境构建新型解释范式，为理解当代社会的集体行动提供更加全面且深刻的理论阐释。

第二节　乡村旅游情境下的集体行动问题

乡村旅游发展不可避免要涉及对农村土地、公共资源的占用，在此过程中，不同主体之间的利益协调机制直接影响着乡村旅游发展的实际成效。尤其在中国乡村情境下，旅游开发深度嵌入土地集体所有的制度框架与村社共同体的治理传统之中，由此衍生的集体行动问题不仅具有一般治理难题的共性特征，更在制度、文化等多个方面呈现出乡村旅游情境的独特性。

一、土地集体所有制下的旅游用地困境

在中国现行的土地管理体制框架下,农村土地被划分为农用地、集体经营性建设用地以及宅基地三种主要类型。乡村旅游项目的建设和运营高度依赖土地资源,这既涉及农用地的流转,也包括合理配置一定规模的建设用地,以承载各类旅游服务设施[8]。此外,闲置的宅基地也可用于发展乡村民宿、农家乐等旅游经营活动。《中华人民共和国土地管理法》(2019年修正)(简称《土地管理法》)规定:

"第九条 城市市区的土地属于国家所有。农村和城市郊区的土地,除由法律规定属于国家所有的以外,属于农民集体所有;宅基地和自留地、自留山,属于农民集体所有。"

"第十一条 农民集体所有的土地依法属于村农民集体所有的,由村集体经济组织或者村民委员会经营、管理;已经分别属于村内两个以上农村集体经济组织的农民集体所有的,由村内各该农村集体经济组织或者村民小组经营、管理;已经属于乡(镇)农民集体所有的,由乡(镇)农村集体经济组织经营、管理。"

上述规定从法理层面确立了农村集体成员基于身份属性的土地权益,即每位合法成员平等地享有集体土地的成员权[9]。但需要明确的是,农民集体所有权既不等同于农民集体成员的个人所有权,也并非成员共有权[10],而是需要通过如"村民大会"等形式来行使。这种集体所有的产权属性,在一定程度上导致农村土地资源利用效率相对较低。为有效盘活农村土地资源,中国创新性地实施了农地"三权分置"制度改革。该制度将农村土地的集体所有权、农户承包权和土地经营权进行分置并行,其核心在于通过实现所有权、承包权与经营权的有序分离,同时保障经营权的自由流转,从而促进土地资源的有效配置。"三权分置"制度赋予了农村集体经营性建设用地入市的合法性,但其实施仍面临现实掣肘——由于土地集体所有的性质,无论是征地还是土地流转,都需要获得集体成员的同意。当集体成员的利益诉求存在差异时,极易陷入协商困境,这种制度性摩擦已成为制约乡村旅游用地保障的突出障碍。

以笔者调查的重庆市酉阳土家族苗族自治县苍岭镇大河口村为例,该村在石泉苗寨旅游开发征地中所呈现出的种种情况,集中反映了土地集体所有

制下的旅游用地困境①。石泉苗寨是大河口村的一个村民小组，于2012年被列入第一批中国传统村落名录。为推动乡村旅游发展，苍岭镇政府计划在石泉苗寨寨门附近建设一个寨前广场。2012年3月，当地政府批复了《石泉苗寨景区旅游开发规划》（简称《规划》）。《规划》提出了寨前广场的建设方案，该方案涉及征用当地13户农户的耕地，并计划于2013年6月启动实施。然而，在实际操作中，这一征地过程并不顺利。2014年3月，景区管理委员会组织专业人员对涉地农户的土地进行了测量，并以每亩7200元的价格向农户征收土地。尽管有5户农户出于对政府的信任以及自身利益的考量，同意征地并签订了协议，但由于该征地价格远低于集镇当时的市场价格（每亩18800元），其余8户农户拒绝签署协议。这使得征地工作陷入了僵局，旅游开发项目被迫搁浅。2016—2017年，当地政府重新推进征地工作，将征地价格调整为每亩18800元。这一举措得到了更多农户的支持，但在随后召开的村民会议中，仍有2户长期在外务工的农户拒绝签署协议。他们提出了额外的补偿要求，要求政府为其修建房屋和院坝，并解决个人工作问题。最终，因个别农户不同意征地方案，寨前广场项目再次搁浅。

由此可见，农村土地集体所有制构筑了中国乡村旅游发展的独特情境。这种制度特性决定了旅游开发用地必然会面临集体决策，并极有可能在旅游用地的获取和使用过程中陷入集体行动困境。尤其在快速城镇化进程中，大量农村人口外流，许多村民长期不在村内居住，对村内事务的参与度严重不足。这一现象带来了两个方面的负面影响：一方面，村内人口分散，集体重大事项的议决难以达到法定人数要求，从而导致乡村旅游项目决策的推进陷入迟滞状态；另一方面，长期在外的村民与乡村的情感联结逐渐弱化，甚至可能对乡村发展漠不关心，这进一步削弱了乡村的集体动员能力，给乡村旅游项目的实施带来诸多阻碍。

此外，尽管《土地管理法》明确规定集体土地所有权由村集体经济组织行使，但在实践中，农户因世代耕作而形成的"祖宗地"情结，依然对土地的管理与使用产生显著影响。例如，有研究者对华北地区石头村的调查发现，尽管农村土地名义上归集体所有，但由于农户长期的耕种与经营，他们普遍认为自己拥有土地的实际使用权[11]。在这种情况下，当文旅资本下乡

---

① 参见王心蕊、孙九霞《旅游开发征地与农户集体行为：门槛模型的应用及拓展》，载《旅游学刊》2018年第8期，第48—57页。

时，由于产权主体的模糊，资本方难以明确真正的交易对象。这种制度性交易障碍不仅直接制约了土地要素的市场化配置效率，也阻碍了乡村旅游的健康发展，并进一步加剧了集体行动的复杂性。

二、村集体组织形式下的多重治理目标

在乡村旅游发展过程中，村党支部和村民委员会（简称"村'两委'"）作为村集体的代理人，承担着复杂的治理职能。作为基层治理的核心力量，村"两委"不仅要落实政策、管理村内公共事务，还要深度参与招商引资、资源整合以及运营管理等一系列市场化活动。随着乡村振兴战略的持续推进，部分村庄通过成立集体经济合作社、旅游公司等新型经济组织，将治理的触角延伸至旅游领域。这种组织形式固然契合发展新型集体经济、实现共同富裕的政策导向，但治理主体的多重身份属性，也可能在旅游开发过程中引发一系列矛盾。

在组织层面，村"两委"既是村民的代理人，又是集体经济组织的法定代表人，这种双重代理身份形成了特殊的激励结构，并加剧了治理的复杂性。作为基层党组织和村民自治组织，村"两委"的核心职能聚焦公共服务供给和集体资源管理，致力于提升村民的生活福祉和村庄的整体发展水平。因此，在实际运作中，村"两委"既要努力完成上级下达的经济增长指标，又要维系村民的信任基础，面临着行政管理和社会监督的双重考验。

旅游开发本质上是一个资源再资本化的过程，这一过程可能涉及集体土地经营权置换、生态资源开发权让渡等诸多敏感问题。稍有不慎，对这些问题的处理就有可能诱发村民对村集体组织决策公正性的质疑，进而使村集体陷入信任危机。然而，当村集体以市场主体的身份介入土地流转、项目开发等经济活动时，又不得不遵循市场竞争的规则和资本运作的逻辑，追求经济效益的最大化。这使得村"两委"在配置乡村集体资源时，极易陷入合法性危机。以陕西省袁家村为例，在发展初期，村"两委"既主导村庄的行政管理，又全权负责景区运营，这种"政经合一"的模式虽然在短时间内快速推动了旅游开发，但也为后续的治理埋下了隐患[12]。

当公共权力深度介入市场交易后，村集体往往陷入公共利益与企业利润的艰难抉择之中，甚至可能诱发权力寻租等不良现象，严重损害村庄的可持续发展和村民的切身利益。在此情境下，村民往往对乡村旅游开发持谨慎态

度，因担忧自身权益保障不足而选择观望。这导致乡村旅游发展难以形成有效的合力，进而制约了旅游产业的持续发展。

三、传统文化与旅游发展之间的隐性冲突

乡土社会以费孝通所述的"差序格局"为基础，逐渐形成一个自洽的文化认知系统。这种系统不仅渗透于居民日常生活，还通过集体记忆和社会实践不断自我强化，由此形塑出高度稳定的行为范式和互动机制。村民的生产与生活方式高度依赖世代累积的地方性知识体系，这种知识传递机制既维系着社区的在地特性，又不断产生集体意识。随着乡村旅游的兴起与发展，外部资本裹挟着市场逻辑强势介入乡村社会。传统认知与现代化观念之间的碰撞不可避免，并引致乡村社会文化变迁，这一现象通常在少数民族聚居区与偏远乡村表现得更为明显。

以云南省红河哈尼族彝族自治州元阳县新街镇箐口村为例，该村是元阳县在"红河哈尼梯田文化景观"申遗时打造的首个民俗村落。2000年，当地政府启动箐口村改造计划；2008年，当地政府与世博元阳梯田旅游有限公司签署了为期50年的合作协议，开启了文旅资本深度介入的转型过程。在这一过程中，作为民族文化基因载体的哈尼传统民居蘑菇房的变迁尤为值得关注。蘑菇房是哈尼族传统建筑的代表，原本是砖木混合结构的两层房屋：第一层用于养殖牲畜和存放农具；第二层为居住空间，房顶由稻草或野草编成，形状如蘑菇般独特[13]。然而，伴随旅游发展带来的收入增长，村民的价值观念逐渐发生变化，传统建筑被视为落后的文化符号。许多村民拆除了旧有的蘑菇房，在原宅基地上建造现代化的2～4层不等的红砖混凝土楼房。地方政府为维持蘑菇房的文化符号价值，不得不以补贴政策引导村民在新建楼房顶部加装传统草顶[14]。这种"红砖建筑＋蘑菇顶"的拼贴式改造，虽然在视觉上保留了传统符号，但消解了传统建筑的空间逻辑与文化内涵。

上述变迁过程折射出乡村旅游场域中传统与现代之间的交织。一方面，外来强势文化通过资本渗透解构了传统的乡土规范，市场机制重构了原有的决策体系和利益分配模式，导致乡村的集体认同逐渐消解；另一方面，乡土社会固有的关系网络又成为现代性植入的阻滞力量。传统的乡土信任机制建立在血缘、地缘网络与伦理道德体系之上，土地流转、投资合作等经济活动

依赖熟人社会的非正式担保,其效力源于封闭网络内部形成的道德约束。这种信任模式与现代文旅产业所需的开放性和流动性形成了结构性矛盾。当外来资本与新移民群体进入时,实质上引发了两种行动逻辑的隐性对抗,即植根社会资本内生的"关系信任"与依托制度强制的"制度信任"之争,前者以情感纽带和道德义务为支撑,后者则依赖法律契约与第三方监管的保障。这种深层次的认知冲突持续贯穿于乡村旅游发展的全过程,并深刻影响着其作用结果。

四、乡村集体行动之核心困境

乡村旅游发展中的集体行动困境主要表现在制度、组织和文化三个维度。首先,集体土地产权制度在一定程度上限制了个体的能动性,导致集体动员能力不足,从而阻碍了乡村旅游的有效发展。其次,乡村旅游发展涉及政府、企业、村民等多方主体的参与。在多主体介入的背景下,缺乏有效的组织协调机制,使得行政科层逻辑、市场契约逻辑与乡土伦理逻辑在嵌套式治理体系中相互挤压,难以形成协同治理的合力。此外,各主体利益诉求不一致或利益分配不均,进一步加剧了冲突和治理困境。最后,传统乡土观念在旅游产业的冲击下日渐消解,文化认同的断裂动摇了集体行动的根基,而这又反过来制约乡村旅游的可持续发展。

基于以上分析,可将在乡村旅游情境下的集体行动之核心困境概括为:集体产权与个体理性的冲突、多元主体介入下的协作困境以及文化冲击下的集体意识消解。

1. 集体产权与个体理性的冲突

在资源要素的权属界定上,乡村资源的所有权和使用权归属依然存在"外部争端中复杂、内部划分中模糊"[15]的问题。这种权属界定的模糊性引致资源开发的责任主体不明确,进而削弱了个体能动性。此外,乡村自然与文化资源因其具有的复合属性,难以界定其产权归属,故常陷入"公共产权"状态。在一些乡村旅游社区,旅游资源的所有权、使用权与收益权分离,导致经营主体难以整合资源、资源配置效率低下。社区居民作为乡村旅游资源的天然产权主体,在旅游发展中却难以通过市场化机制获得合理的回报。这不仅削弱了居民参与旅游开发的积极性,而且可能触发个体采取对抗性策略进行非合作博弈,从而阻碍乡村旅游发展。最终,集体产权的制度安排与个体的理性选择之间的矛盾，使得乡村旅游发展难以建立起有效的集体动员机制。

2. 多元主体介入下的协作困境

乡村旅游的发展涉及多元利益主体，各方的诉求和目标往往存在较大差异：村民追求直接经济收益的最大化，企业注重投资回报率的提升，而地方政府则需兼顾经济绩效、生态保护与社会治理的多重目标。这种价值取向的差异引发了利益相关主体之间的协作困境，突出表现为短期收益与长期发展、经济目标与社会价值、环境保护之间的冲突。不同主体的利益诉求难以协调，容易导致合作效率低下，难以实现集体协同。

此外，在乡村旅游发展过程中，不同利益主体之间的权力差异显著。权力结构的非对称性导致决策过程被强势主体主导，社区成员与小微企业从业者在利益分配中更容易处于弱势地位。利益分配的不公平会进一步降低社区成员的合作意愿，阻碍资源整合，甚至引发内部矛盾。这种参与失衡不仅影响了资源配置效率，还进一步削弱了社区内部的凝聚力和乡村旅游发展的可持续性。

3. 文化冲击下的集体意识消解

旅游发展所引发的资本与要素流动不断冲击着传统乡村社会的根基。在一些乡村社区，旅游发展由外来资本主导。在此过程中，尽管村民通过土地流转、务工等途径获得了短期的经济补偿，却逐渐失去了对本土文化的主导权。那些承载着集体记忆的祖训家规、祭祀礼仪，在商业包装下褪去了原有的精神内核。

然而，以利润最大化为导向的资本主导模式并不能让乡村居民共享发展带来的红利。相反，过度或无序的旅游开发甚至会引发诸多问题，如生态破坏和贫富差距扩大等[16-17]。更值得关注的是，这种外来资本主导的发展模式重构了乡村权力格局，使得原本以血缘和地缘关系网络为纽带的共同体治理模式，逐渐被工具理性主导的市场逻辑解构。文化与资本冲击下集体意识的消解进一步加剧了社区集体行动的困境。

第三节 可能的解决之道：旅游社会创业

乡村旅游发展中的集体行动困境，实际上是乡土社会转型过程中多元利益主体在多重目标博弈下的复杂映射。如何协调多方利益主体共享发展红利、重塑乡村集体意识、解决乡村社会问题，已成为乡村旅游研究领域的关键命题。社会创业（social entrepreneurship）作为一种创新性的社会变革工具，为破解这一困境提供了理论支点与实践路径。

与以利润最大化为导向的商业创业不同，社会创业以满足社会需求、创造社会价值为使命，在实现经济价值的同时致力于解决就业、贫困、疾病以及养老等社会问题[18-19]。作为一种解决社会问题的新范式，社会创业能够平衡外来援助与内生发展、经济发展和社会环境的关系[20]，为解决中国乡村旅游发展中的集体行动问题提供创新思路。

随着乡村振兴战略的深入推进，乡村旅游成为优化乡村产业结构、探索乡村转型路径的关键抓手。作为乡村经济振兴的先导性产业，旅游业不仅与地方经济发展紧密相连，更在生态可持续性、物质与非物质文化遗产（简称"非遗"）保护以及社区居民福祉提升等方面发挥着重要作用。旅游导向下的社会创业，即旅游社会创业，是乡村社会创业最普遍、最重要的形式之一。乡村旅游社会创业旨在通过旅游产业满足乡村社会需求，同时关注经济价值的创造，为乡村提供可持续、可循环的内生发展动力。

从国际经验来看，乡村旅游地的社会创业者展现了强大的社会责任担当。他们通过激活沉睡的乡村资产，如废弃的乡村小学、破败的传统民居等，将这些被遗忘的资源转化为具有社会价值的旅游资源[21]。这种基于社区协作的创业模式，不仅缓解了就业与贫困等社会问题，还重塑了乡村社会资本，为乡村发展提供了新的可能性。同时，社会创业者与乡村社区的紧密联系，使他们能够与社区居民共同构建可持续的旅游发展模式，从而在经济收益之外创造更广泛的社会价值[22]。

中国政府长期致力于解决乡村贫困问题，并通过全面推进乡村振兴战略，推动多元主体深度参与乡村建设。近年来，部分乡村旅游地已形成了多种具有社会创业导向的发展模式。例如，"古村之友"等非营利组织通过搭建村民创业平台，探索古村落活化与社区共建模式，为乡村社会创业提供了制度创新的范例；商业企业如唯品会慈善基金会，通过塑头乡村振兴公益项目践行社会责任；高校机构广泛参与乡村建设，如中山大学旅游学院保继刚教授发起并推动的"阿者科计划"，通过构建旅游吸引物权的制度化路径，逐步引导村民参与旅游发展，实现村落保护与社区发展的有机统一[23]。这些实践表明，兼顾经济与社会价值的社会创业能够为乡村旅游发展注入可持续的内生增长动力，成为推动乡村振兴的创新路径。

在学术研究领域，基于中国本土实践的旅游社会创业研究逐渐兴起，并揭示了社会企业在乡村社区利益分配中的关键作用。例如，徐凤增等以山东省中郝峪村为典型案例，系统调查了乡村旅游利益的分配模式，发现社会创业不仅在创造社会价值、提升乡村居民生活质量、解决贫困问题和推动社区持续发展等方面发挥了重要作用，还通过创造经济价值为乡村旅游利益分配奠定了坚实基础[24]。笔者基于四川省明月村的研究亦表明，旅游社会创业实践能够显著提升乡村社区的共享程度与发展水平，并有力推动乡村共同富裕目标的阶段性实现[25]。

尽管现有研究初步揭示了旅游社会创业的潜在积极影响，但尚未充分结合中国乡村的具体情境，将旅游发展与集体社会创业有机结合起来。事实上，乡村旅游与社会创业在"集体"维度上紧密交织：一方面，乡村旅游可以通过社会创业的形式有效突破集体行动困境；另一方面，旅游社会创业能够依托乡村集体禀赋，实现社会创业的双重目标——社会价值与经济价值的平衡。

基于此，本书提出"集体旅游社会创业"（collective tourism social entrepreneurship，CTSE）这一概念，并将其视为破解中国乡村发展困境的创新路径。本书系统探讨了集体旅游社会创业的形成机制及其对乡村发展的深远影响，旨在探索一种由旅游社会创业驱动的乡村可持续发展模式。这一研究不仅为中国乡村地区的社会创业实践提供了科学的管理依据，还为全球乡村发展贡献了基于中国本土情境的创新智慧与实践范本。

第二章 旅游社会创业研究进展

随着社会问题的日益复杂化，创业活动不再局限于单纯地追求经济利益。从传统的商业创业到强调社会价值的社会创业，这一转变反映出人们对"发展"内涵的深入思考。商业创业以利润最大化为核心目标，然而，环境破坏、贫富差距扩大等问题的凸显，促使学者们重新审视创业的目标与价值取向。在此背景下，社会创业应运而生，它主张通过创新的方式平衡经济收益与社会效益，为赋能弱势群体、推动环境保护等社会议题提供切实可行的解决方案。这种"双重价值创造"的理念，逐渐成为创业研究领域的重要方向，并引发了广泛的关注与讨论。

旅游业的特殊性使其成为社会创业实践的独特领域。旅游涉及文化传承、社区发展、生态保护等多元议题，天然具备解决社会问题的巨大潜力。但在学术研究上，旅游社会创业研究尚处于起步阶段。本章系统梳理从商业创业到社会创业，再到旅游社会创业的研究脉络，阐述既有研究的核心议题与主要贡献，并在此基础上明确旅游社会创业研究的潜在空间与发展方向。

第一节 从商业创业到社会创业

一、社会创业的研究缘起与概念内涵

1. 社会创业的研究缘起

"创业"这一概念最早可追溯至18世纪，由法国学者理查德·坎蒂隆（Richard Cantillon）在其著作《商业性质概论》（*Essai sur la nature du commerce en général*）中首次提出。他将创业定义为：在不确定回报的条件下，自己雇佣创办企业[26]。与创业相关的学术研究则始于20世纪60年代。

学者主要从创建新组织、识别创业机会以及创业者特质等不同的角度对创业进行了定义[27-28]。其中，学界普遍认可 Shane 和 Venkataraman 对创业概念的界定，即创业是创业主体创造或发现机会，其后采用某些方式或途径去开发利用创业机会，从而产生相应结果的过程[29]。

创业研究涵盖了经济学、管理学、心理学、社会学和人类学等多个学科[30]。最初，创业研究主要由经济学者主导，关注创业与经济增长的关系。随后，心理学、社会学和人类学等学科从不同角度探讨了创业的产生与发展过程。早期的创业研究大多借鉴组织与管理的传统框架，对创业进行探索性分析[31]。进入 21 世纪后，互联网及信息技术的普及引发了全球范围内的创业研究热潮[32-35]。创业研究的议题也逐步涵盖创业前因、创业过程和创业结果等多个方面。具体而言，创业前因研究聚焦不同层次的创业主体，探讨教育背景、性别差异、创业能力等创业主体特征，以及创业情绪、创业动机、创业资源等因素如何影响创业机会识别、创业过程和创业结果[36-38]。创业过程研究涉及创业主体在开发利用机会过程中所运用的各种策略和方法[39-41]，如资源的获取与整合、创业战略与决策的制定[42-43]、创业网络的构建[44-45]，以及创业学习与创新[46-48]等。创业结果则指创业活动的绩效，相关研究重点关注创业活动对个体、组织以及社会所产生的影响[49-51]。

随着工业化和城市化进程的加速，贫困、环境污染、教育不平等、医疗资源不足等一系列社会问题日益凸显。无论是政府组织还是慈善机构，在应对这些挑战时，往往因资源有限、效率不足等问题而难以形成全面有效的解决方案。在此背景下，社会创业作为一种创新机制应运而生。与商业创业不同，社会创业并不以营利为首要目标，而是注重商业手段与社会目标的结合，通过创业活动解决社会问题，并推动社会的整体进步和可持续发展。

社会创业的实践探索发展于 20 世纪 70 年代。这一时期，穆罕默德·尤努斯（Muhammad Yunus）在孟加拉国创立了格莱珉银行（Grameen Bank），开创性地引入小额信贷模式助力贫困群体自主创业，并构建了一种可持续的社会问题解决方案①。这一创新实践被视为社会创业领域的早期经典案例。20 世纪 80 年代，国际知名公益组织"阿育王"（Ashoka）突破了传统的慈善模式，创新性地引入社会创新扶持机制。一方面，该组织为具有变革潜力

---

① 《穆罕默德·尤努斯》，见MBA智库百科网（https://wiki.mbalib.com/wiki/%E7%A9%86%E7%BD%95%E9%BB%98%E5%BE%B7%C2%B7%E5%B0%A4%E5%8A%AA%E6%96%AF）。

的社会项目提供战略性资助，精准扶持那些能够带来深远社会影响的创新项目；另一方面，"阿育王"致力于培育非营利机构的自我"造血"能力，帮助这些机构实现可持续发展①。这些创新实践成功地将"企业家精神"引入社会公益领域，推动社会创业逐渐发展成为一场具有全球影响力的创新运动。

近年来，在全球化和数字经济的推动下，社会创业呈现出多元化发展态势，并涌现出多种创新形式。社会创业组织在致力于解决社会问题的同时，积极探索自身可持续发展的路径，并取得了显著成效。这为应对疾病、饥饿、贫困等全球性社会问题提供了全新的思路与发展方向，展现了社会创业在推动社会进步方面的巨大潜力与价值。

2. 社会创业的概念内涵

社会创业作为一种全新的创业理念，在学术界受到了广泛的关注。学者首先对其概念内涵进行了深入讨论，其中 Dees、Weerawardena 和 Mort、Zahra 等提出了比较有代表性的观点。

Dees 从社会使命的角度剖析社会创业的概念，指出社会创业是通过不断寻求新的机会和创造可持续社会价值来实现社会使命的过程。他较为系统地从四个维度界定了社会创业：①社会创业是一项持续产生社会价值的事业；②通过不断发掘新机会来达到社会目的；③持续的创新、适应和学习过程；④不受当前资源稀缺限制的大胆行动[52]。Mort 等指出，社会创业是一个多维构念，包括创业的社会使命，面对道德、利益等复杂情境时的行为与目的的内在一致性，创造社会价值的机会感知与识别能力，具有创新性、行动超前性和风险承担等关键特征[53]。在此基础上，Weerawardena 和 Mort 构建了社会创业模型，包括社会创业的三个核心要素（风险管理、前瞻性和创造性）以及三个核心约束（环境、社会使命和可持续性）[54]。Zahra 等认为，社会创业是发现、定义、利用机会而进行的活动和过程，并以创新的方式创造新企业或管理现有组织，从而增加社会财富[55]。由此可见，学者普遍强调社会创业的双重价值，即在坚持创造社会价值的根本前提下，通过商业化运作获得尽量多商业价值的活动[55-57]；在此过程中，创业者和创业组织创新性地运用社会资源识别创新机会并满足社会需求。

---

① 参见张文娟《培育社会企业、解决社会问题的积极行动者——阿育王基金会的经验借鉴》，载《中国社会组织研究》2022年第2期，第191–197页。

随着社会创业实践在中国的本土化演进，学者们基于中国的制度环境和社会治理需求，对社会创业的概念框架进行了创新性拓展。刘志阳等强调，社会创业本质上是在社会企业家精神的支配下探索和开发创业机会，进而创建社会企业或新型公益组织的过程；这一过程既包含现有公益组织社会创新能力的提升，也涵盖通过新型社会企业创建来系统解决复杂社会问题的双重路径[20]。徐虹等揭示了在中国情境下社会创业的多元内涵：基于政府视角，社会创业是指政府或非营利组织运用商业模式解决社会问题的过程；基于企业视角，社会创业是传统逐利型企业履行社会责任的活动；基于个人视角，社会创业是个人在经济上进行可持续投资而产生社会价值的活动[58]。值得关注的是，中国学者特别强调社会创业主体的"双重合法性"构建——既需要获得政府部门的行政认可以嵌入现有治理体系，又需要通过市场化运作证明其可持续性。

综上所述，社会创业的概念界定主要围绕社会创业者的特征、社会创业活动过程以及社会价值创造方式等方面展开。社会创业强调社会价值的独特属性，以及在满足社会需求和解决社会问题方面的创新性，并以双重目标（经济绩效和社会绩效）以及三重底线（经济底线、社会底线与环境底线）为原则[59-60]。因此，社会性和创业性既是社会创业的核心特征，也是社会创业区别于一般创业的关键所在。值得注意的是，社会创业主体的多样性以及社会创业形式的复杂性，使得社会创业实践呈现出显著的情境嵌入性，其概念框架亦需要结合具体语境动态建构。

二、社会创业的核心研究议题

21世纪以来，社会创业实践在发展中国家的贫困减缓等问题上取得了突出成效，学者的研究视线逐渐从对社会创业的概念研究转向对社会创业动机、过程和结果的讨论，社会创业的理论与实证研究不断增加。

1. 社会创业动机

社会创业动机是推动创业者从事社会创业活动的核心驱动力。既有研究发现，亲社会动机、经济动机、个人成长动机和制度动机构成了社会创业的主要动机类型[61-62]。同时，社会创业者的个人特质、心理因素与社会环境等因素对其动机的形成和实施具有重要影响[63]。

由于社会创业旨在运用商业手段创造社会价值，社会创业者的特质也与一般创业者有所不同。社会创业者通常具有独特的个人特质，这些特质使他们能够识别社会问题并采取行动。例如，陈劲和王皓白指出："社会创业者是那些具有正确价值观，能够将伟大而具有前瞻性的愿景与现实问题相结合的人。他们对目标群体负有高度的责任感，并在社会、经济和政治等环境下持续通过社会创业来创造社会价值。"[64] 创业者的童年贫困经历、对社会不平等的亲身感受等，亦会对其社会创业动机产生影响。例如，陈良勇等的研究发现，童年贫困经历能够增强个体的道德注意力，进而促进企业家形成社会创业导向[65]。

在个体心理因素方面，学者们基于温情理论[66]、亲社会动机[61, 67-68]、同理心[69]及自我效能感[70]等视角，分析了社会创业者的动机与创业意向，并识别了社会创业形成的心理机制。此外，社会创业动机还受到社会环境的深刻影响。例如，良好的社会认同和完善的制度环境能够为社会创业提供有力支持，从而促进其产生与发展[71-73]。

总体而言，深入剖析社会创业动机，能够清晰揭示社会创业者投身社会创业活动的内在动因，以及促使他们将资源与精力倾注于解决社会问题的关键因素，从而有助于系统阐释社会创业的形成机制。

2. 社会创业过程

社会创业可被视为识别、评估和利用机会以创造社会价值的动态过程[74]，越来越多的学者开始关注社会创业的过程性特征。这一过程涉及多个阶段，包括机会识别、资源整合、组织创建与项目实施等。

在机会识别方面，社会创业者凭借敏锐的社会问题洞察力以及系统化的创新思维来捕捉潜在机会[75]。一般而言，社会创业机会主要来自未被满足的社会需求、存在缺陷的市场机制以及制度空白领域。社会创业者可以通过与利益相关者的深度互动、细致的市场分析以及积极的社区参与来识别潜在机会[54]。基于创业机会理论，学者们归纳出社会创业机会识别的两条主要路径：一是基于现存社会问题的"机会发现"路径，即通过识别现有社会问题来挖掘潜在机会；二是通过创新解决方案主动构建的"机会创造"路径，即通过创造性思维和行动来开辟新的机会领域[76]。

资源整合是社会创业过程中的关键环节。然而，受规模限制、资源分散等因素的影响，社会企业在资源整合过程中会面临诸多挑战[77]。面对资源约束，社会创业者普遍采用资源拼凑策略，通过拓展社会网络、争取政府政策支持以及与社区资源协作等方式来获取关键资源[78]。相关研究深入探讨了社会创业者如何通过资源拼凑获取和利用有限资源以实现社会目标，并强调市场能力[79]、资源调动与拼凑能力在社会企业获取创业资源中的重要作用[80]。例如，Zahra等的研究指出，社会创业者通过"资源审查"和"资源移动"来优化资源配置，从而实现经济和社会双重价值的创造[55]。

组织创建与项目实施构成了社会创业具体运作与管理的核心阶段[74]。与传统商业组织不同，社会企业肩负着双重使命：既要创造社会价值，又要实现经济价值的可持续回报。这种双重使命要求社会创业者在组织设计中持续创新，以确保社会价值的持续创造，并展现出区别于一般商业组织的独特运作模式[81]。此外，社会创业者在这一过程中还需面对复杂的制度环境，通过有效的工作制度，确保组织和项目获得合法性支持，从而为社会创业活动奠定坚实的基础[82]。

3. 社会创业结果

鉴于社会创业在解决诸多社会问题，如贫困、教育、环境等方面的重要作用，既有研究大多聚焦社会创业的积极成果[83-84]。这些成果不仅涉及社会价值的创造，还体现在社会创业的经济绩效及其对个人和社会的影响等多个方面。

社会创业的核心目标是创造社会价值，这一目标在诸多研究中得到了证实。例如，社会创业有助于解决贫困人口的就业问题并促进其自我雇佣[85-86]。Datta和Gailey基于印度情境的研究表明，福利社集体创业不仅促进了妇女的自我雇佣，还提升了当地妇女的经济权力与社会地位[87]。Surie通过对印度地区的案例进行分析，发现社会创业通过与政府、企业和社区的合作，推动了可再生能源技术在农村和"金字塔底层"（bottom of the pyramid，BOP）人群中的应用，增强了国家创新系统的社会经济可持续性，显著创造了社会价值[88]。此外，Zhang等通过对九个不同国家（包括中国、印度、乌干达等）的社会企业进行分析，发现社会创业通过识别和开发社会机会，将农民纳入价值链，不仅解决了农村贫困问题，还实现了经济、社会和生态的可持续发展，为农村贫困的长期解决方案提供了理论和实践指导[89]。

尽管社会创业的主要目标是创造社会价值，但其经济绩效同样不容忽视。张秀娥和张坤的研究发现，社会创业项目在经济绩效上表现出色，尤其是在资源有限的情况下，通过资源拼凑和创新策略实现了经济和社会目标的双重平衡[90]。此外，社会创业项目通过创造就业机会和促进地方经济发展，对经济增长有显著的推动作用。例如，众筹机制作为社会创业在数字化时代获取资金、创意和非财务资源的重要方式,不仅实现了社会目标,还通过创新的商业模式获得了可观的经济回报[91]。Estrin 等应用国际创业观察数据进行比较研究,发现发展中国家的社会创业比率与社会资本相联系,社会创业活动能够显著提升国家层面的社会资本[92]。

社会创业不仅对社会产生了积极影响,也对创业者个人产生了深远的影响。相关研究表明,社会创业者通过解决社会问题,获得了个人成就感和社会认可。Agarwal 等对印度女性社会创业者的研究发现,女性社会创业者在实现社会目标的过程中,提升了自身的领导能力和创新思维等能力,并在发展必要的能力后,获得了社会和经济上的成功[93]。此外,社会创业项目通过创造就业机会和改善社区基础设施,显著提升了社区居民的生活质量[94]。

总体而言,对社会创业的研究正处于快速发展阶段,近年来相关文献数量大幅增长。早期的研究主要集中在对社会创业概念的探讨上。随着社会创业实践的不断丰富,研究议题也逐渐多元化,并从单纯的现象描述逐步转向理论与实践相结合的深度研究。目前,社会创业的研究主题主要集中在以下三个方面:一是社会创业的概念界定;二是社会创业的动机及其影响因素;三是社会创业的过程与结果。这些研究主题共同构成了当前社会创业的研究框架,如图 2-1 所示。

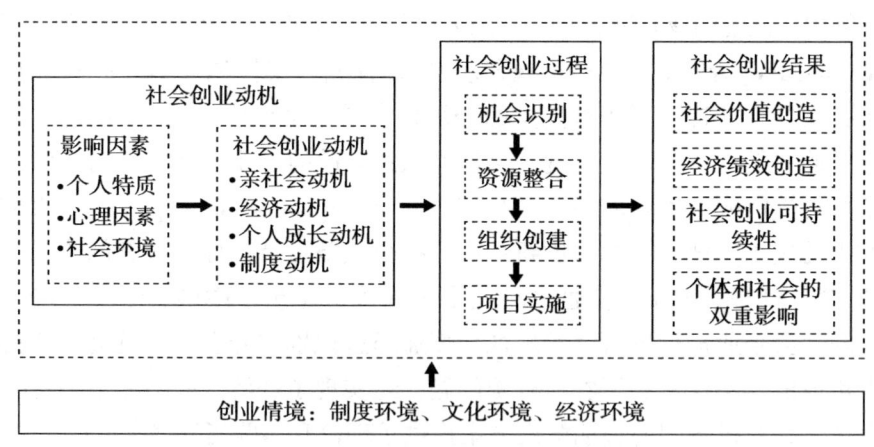

图 2-1 社会创业的研究框架

通过对社会创业相关研究的系统梳理,可以发现:

一方面,社会创业实践的发展速度远超理论研究的发展速度,既有研究多以现象驱动的描述性归纳为主,缺乏定量研究及针对社会创业过程的纵向案例研究[95]。且既有研究多集中于英、美等西方发达国家以及印度等发展中国家,对其他新兴经济体在特殊制度与文化背景下的社会创业现象关注较为有限。这种地域分布的不均衡限制了对社会创业全球多样性的全面理解。

另一方面,在研究视角上,大多数研究仅从个体层面、企业层面等内部视角,或从区域层面、国家层面等外部视角来识别社会创业的影响因素,缺乏综合内外视角的研究,未能建立宏观与微观之间的跨层次联系。

近年来,中国乡村地区已涌现出多种具有社会导向的创业实践样态,尤其在乡村旅游领域,旅游社会创业展现出与其他社会创业形式显著不同的发展路径。然而,在乡村情境下,以集体经济为主导的地区如何实现社会创业?社会创业又如何通过资源再分配、社会资本重构以及社区赋能等机制,推动乡村经济、社会与文化的协同发展?这些问题仍需学者结合中国乡村振兴战略的时代背景,深入挖掘其内在逻辑与实践机制。通过系统性研究,不仅可以发展具有本土特色的社会创业理论,更能为全球社会创业研究提供新的理论视角与实践范式,拓展这一领域的学术空间。

第二节 旅游社会创业研究的批判性回顾

旅游发展对目的地社区的经济、社会、文化、环境等诸多方面均会产生一定的影响,具有极强的外部性。Higgins-Desbiolles指出,旅游业的社会意义远超其产业范畴,具有天然的社会属性[96]。Sheldon等将旅游社会创业(tourism social entrepreneurship, TSE)界定为"一个通过调动目的地内部或外部所需的理念、能力、资源和社会协议,通过旅游为目的地当下的社会、环境和经济问题创造创新解决方案,以实现其可持续社会转型的过程",该概念得到学界的广泛认可[97-98]。

作为兼具商业逻辑与社会价值的创新实践,旅游社会创业通过价值共创机制放大旅游业对地方社区的正向溢出效应,同时抑制其负面外部性[99]。尽管社会企业在旅游领域早已存在,但旅游社会创业作为旅游业替代性发展模式直至近年才进入学术视野。目前,旅游社会创业研究仍处于起步阶段,尤其是聚焦中国情境的旅游社会创业研究,更是一个新兴的前沿领域。本书通过系统性文献梳理,对旅游社会创业的知识图谱、核心研究议题与研究方法进行回顾。

一、旅游社会创业研究的知识图谱

旅游创业研究的学术脉络可追溯至1981年[100]。虽然早期已有研究探讨旅游创业与社会转型之间的联系，或旅游领域中的社会企业，但缺乏对旅游社会创业的系统性研究[101]。2016年，《国际当代酒店管理杂志》（*International Journal of Contemporary Hospitality Management*）组织了旅游社会创业专刊，该专刊集中发表了一系列相关研究，获得了学者的广泛关注。2017年，《社会创业与旅游：哲学与实践》（*Social Entrepreneurship and Tourism: Philosophy and Practice*）出版，该书初步构建了旅游社会创业的研究体系，并推动该领域进入快速发展阶段。

本书全面检索发表于国内外SSCI和CSSCI期刊的旅游社会创业相关文献，共计98篇。这些文献的发表时间跨度为2004—2024年。2011年之前，仅有少数几篇文章涉及旅游社会创业相关话题；2011年之后，该领域的研究逐渐增多。由此可见，过去20年是旅游社会创业研究从概念萌芽迈向理论深化的关键阶段。本节将以这些文献样本为基础，深入剖析旅游社会创业的研究动态与前沿热点。

1. 文献研究概况

从文献发表数量来看，早期旅游社会创业的关注度相对较低，然而近年来，尤其是自2016年起，该领域正逐渐成为学术界的研究热点，如图2-2所示。在案例地所属大洲的分布上，约37.8%的文献来自亚洲，24.5%的文献来自欧洲，非洲和北美洲占比分别为12.2%和11.2%。从具体国家和地区来看，旅游社会创业的研究主要集中在发展中国家和地区（见表2-1），其中中国、印度、柬埔寨、越南等发展中国家受到较多关注。而聚焦中国的旅游社会创业研究尤其关注乡村地区，这不仅凸显了乡村地区在旅游社会创业中的重要地位，也反映出其具有巨大的发展潜力。综上所述，旅游社会创业研究在地理分布上呈现出多元化趋势，但在研究区域上更加关注发展中国家和地区，表明旅游社会创业在推动这些国家和地区的社会经济发展中发挥着更为突出的作用。

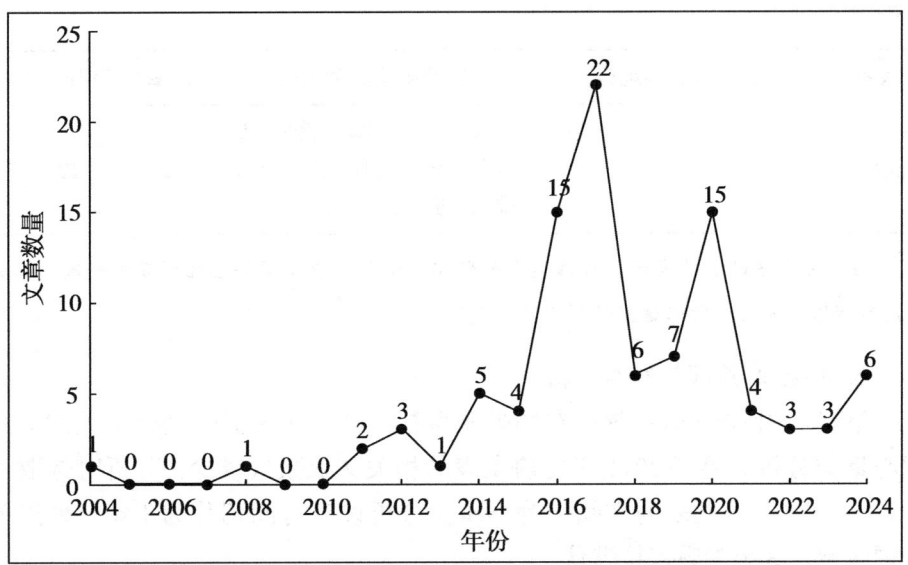

图 2-2 2004—2024 年旅游社会创业文章发表趋势（$n=98$）

表 2-1 各大洲抽样研究文章的分布情况

大洲	发达国家和地区	发展中国家和地区	频率	百分比/%
亚洲	以色列[1]，韩国[1]，日本[1]	中国[6]，印度[5]，柬埔寨[3]，印度尼西亚[2]，土耳其[1]，尼泊尔[1]，泰国[2]，马来西亚[2]，斯里兰卡[1]，不丹[1]，菲律宾[1]，马尔代夫[1]，伊朗[2]，越南[3]	37	37.8
欧洲	爱尔兰[4]，西班牙[1]，英国[2]，意大利[5]，芬兰[2]，希腊[1]，塞浦路斯[1]，奥地利[1]，丹麦[1]	俄罗斯[2]，波兰[2]，罗马尼亚[2]	24	24.5
北美洲	美国[7]，加拿大[1]	尼加拉瓜[1]，墨西哥[2]	11	11.2
南美洲		厄瓜多尔[2]，玻利维亚[1]，秘鲁[2]，巴西[2]，智利[2]	9	9.2
大洋洲	澳大利亚[3]，新西兰[1]	巴布亚新几内亚[1]	5	5.1

(续上表)

大洲	发达国家和地区	发展中国家和地区	频率	百分比 /%
非洲		莫桑比克③，喀麦隆①，南非③，埃塞俄比亚①，马拉维①，肯尼亚②，加纳①	12	12.2

注：右上方的数字表示调查该地点的频率。例如①表示案件已经调查过一次。南极洲没有国家/地区，所以这里只列出了六大洲。

2. 关键词共现与聚类分析

笔者运用 CiteSpace 软件对国外旅游社会创业相关文献进行了关键词共现与聚类分析。鉴于 2011 年之前发表的相关文献数量较少，分析时选取了 2011—2024 年间发表的文献作为样本。分析设定时间切片为 1 年，聚焦关键词区域，其余参数保持默认。

关键词共现图谱通过计算关键词在同一篇或不同文献中的共同出现频率，构建关键词关联网络。这一网络不仅揭示了关键词之间的内在联系，还直观地反映了研究领域内不同主题或子领域的交叉与融合情况。分析结果显示，该领域形成了一个包含 190 个节点、546 条连线的关键词共现网络，网络密度为 0.0304，如图 2-3 所示。图中，每个圆点代表一个关键词，圆点的面积越大，表明该关键词出现的频次越高。

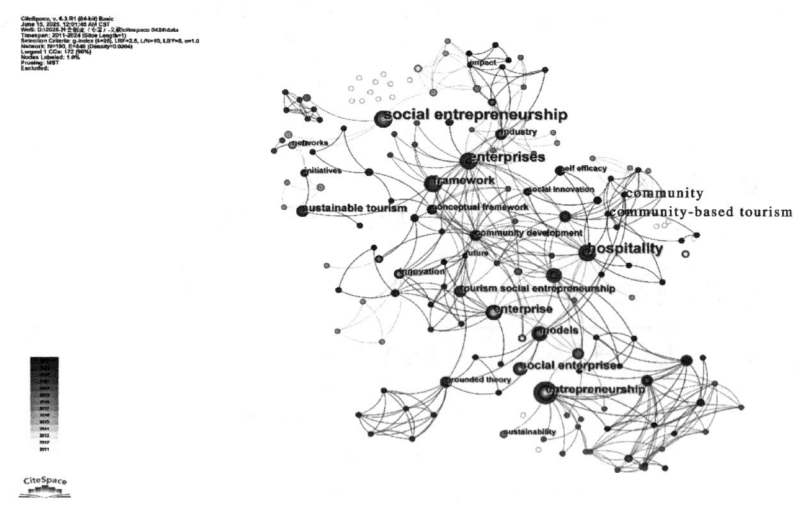

图 2-3　国外旅游社会创业研究关键词共现网络

高频关键词包括：

- social entrepreneurship（社会创业）
- hospitality（接待业）
- entrepreneurship（创业）
- enterprises（企业）
- framework（框架）
- social enterprise（社会企业）
- sustainable tourism（可持续旅游）
- tourism social entrepreneurship（旅游社会创业）
- community development（社区发展）
- conceptual framework（概念框架）
- innovation（创新）
- community-based tourism（基于社区的旅游）
- models（模型）
- future（未来）

这些关键词表明，当前研究热点集中在以下四个方向。

（1）社会创业的核心作用：通过就业机会创造、性别平等促进和社区参与增强，解决旅游业发展中的社会问题。

（2）社区发展与可持续性："community development""innovation""sustainable tourism""community-based tourism"等关键词，验证了社会创业对旅游社区可持续发展的创新性影响。

（3）行业关注："hospitality""enterprises""tourism social entrepreneurship"表明学者对旅游及接待业企业的研究兴趣。

（4）理论构建与未来趋势："framework""conceptual framework""models""future"的高频出现，显示学者对理论框架和未来发展的关注。

进一步地，通过关键词聚类图谱，CiteSpace将语义相近或研究背景相似的关键词聚集成若干群组，即"聚类"。每个聚类代表一个相对独立的研究子领域或热点问题，聚类间的相对位置和距离反映了它们的亲疏关系与相互影响。

关键词聚类分析有助于揭示研究热点、趋势及潜在方向。国外旅游社会创业研究的关键词聚类图谱如图2-4所示。图谱的模块度Q值为0.7445，轮廓值S为0.9042。其中，轮廓值综合了凝聚度（同一聚类内部样本的相似度）和分离度（不同聚类之间样本的不相似度）来评估聚类质量。Q 值高于 0.3 且 S 值高于 0.5，表明聚类结构合理，具有较高的可信度。图 2-4 共形成 9 个聚类，分别为：

- social value（社会价值）
- sustainability（可持续性）
- organisational culture（组织文化）
- community development（社区发展）
- ecotourism（生态旅游）
- community-based tourism（基于社区的旅游）
- small tourism and hospitality firm（小型旅游与接待业企业）
- community centered（以社区为中心）
- business incubation（商业孵化）

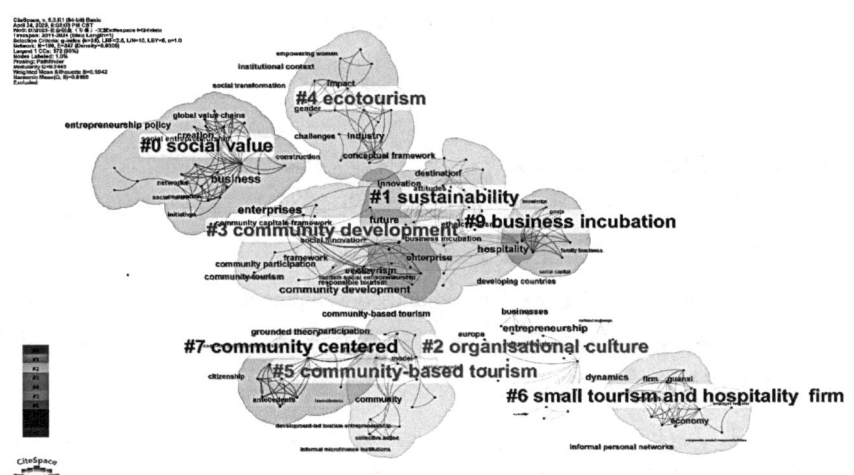

图 2-4　国外旅游社会创业研究关键词聚类

这些聚类归纳出与旅游社会创业紧密相关的 9 个研究领域，涵盖社会价值、可持续性、组织文化、社区发展、生态旅游、基于社区的旅游、小型旅游与接待业企业、以社区为中心、商业孵化。综上，目前旅游社会创业的热点话题主要聚焦旅游社区、酒店等领域，并集中在"创新""可持续发展""环境"等方向。这体现了旅游社会创业的独特性，尤其关注行业特征、社区发展及小微企业赋能，从而区别于一般社会创业的广泛范畴。

二、研究议题

在研究议题上,学者们关注的核心议题涵盖旅游社会创业者特征、旅游社会创业的前因变量、旅游社会创业过程以及创业结果等方面,见表2-2。在创业者主体特征上,研究聚焦旅游社会企业家的动机、特征和角色[21,102],探讨其如何通过创新实践推动社会变革。特别地,旅游社会创业领域十分关注女性社会创业者,既有研究基于性别视角,对女性赋权、性别平等、性别角色重构等话题进行了探讨[103]。

表2-2 国内外旅游社会创业研究的核心议题

核心主题	子主题	代表性文献
旅游社会创业者:类型与特征	社会创业动机与类型	"Examining the Motivations for Social Entrepreneurship Using Max Weber's Typology of Rationality"[102]
	女性旅游社会创业者	"Women as Vectors of Social Entrepreneurship"[103]
旅游社会创业的前因变量	情境因素	"Social Entrepreneurship of Small and Medium-sized Entrepreneurs in Thailand: Influence of Institutional Environment, Entrepreneurial Passions, and Entrepreneurial Self-efficacy"[104]
	个体因素	"At the Intersection of Tourism Social Entrepreneurship and Empathy: Development and Validation of an Empathy scale"[105]
旅游社会创业过程	资源获取与动员	"Financing Social Entrepreneurship in Tourism in a Volatile Environment"[107]
	社会企业的形成与演变	"From Nonprofit Organization to Social Enterprise: The Paths and Future of a Chinese Social Enterprise in the Tourism Field"[108]

(续上表)

核心主题	子主题	代表性文献
旅游社会创业结果	企业竞争力提升	"Social Entrepreneurs: Innovating Rural Tourism through Activism of Service Science"[109]
	可持续旅游与社区可持续发展	"A Conceptual Framework of Tourism Social Entrepreneurship for Sustainable Community Development"[99] "Community-based Tourism as Social Entrepreneurship Promoting Sustainable Development in Coastal Communities: A Study in Thua Thien Hue Province, Central Vietnam"[94]
	社区变革、利益分配与共享	"Community Change through Tourism Social Entrepreneurship"[110] 《社会创业对乡村旅游利益分配模式的影响机理研究——以山东省中郝峪村为例》[24] 《社会创业推动下乡村旅游地共同富裕形成机制研究》[25]

创业研究通常以"前因—过程—结果"作为基本框架，旅游社会创业领域亦沿此脉络展开，并聚焦其独特属性。在前因层面，鉴于旅游发展的地方性，旅游社会创业活动难以脱离具体的情境，社会文化环境、创业市场以及地方制度等情境因素均会对创业机会识别与创业主体互动产生影响[104]；此外，部分研究还关注个体层面因素，尤其是个体心理、情感因素对旅游社会创业意向的影响[105]。在过程层面，研究重点探讨了社会创业资源获取的过程[106]、组织合法性获取的过程[107]，以及传统企业或社区组织向社会企业转型的路径[108]。

旅游社会创业的结果是既有研究的重点关注领域。学者聚焦再生旅游、旅游可持续发展以及社区可持续发展等议题，认为旅游社会创业不仅能够创造经济价值，还能构建更具包容性的旅游生态系统，展现出巨大的社会创新潜力[25,94]，并提升企业竞争力[109]。旅游社会企业通常致力于赋能边缘化群体，如原住民和贫困社区人员[110]。例如，Biddulph 的研究指出，柬埔寨的一家旅游社会企业通过雇佣农村社区的边缘化个人及残疾人生产传统手工艺品，为这些弱势群体提供了经济支持与社会融入的机会[111]。此外，部分研究还探讨了旅游社会创业对利益相关者网络及价值分配机制的影响，揭示了其在促进利益共享与共同富裕方面的积极作用[24-25]。

在研究方法方面，定性研究方法（如访谈、参与式观察）因其在阐释旅游社会创业现象方面的独特优势而被广泛采用。目前，旅游社会创业研究以定性研究为主，多数文献以典型案例为切入点展开探索性研究，这也从侧面反映出该研究领域仍处于初级阶段。相比之下，运用定量方法的研究相对较少，主要集中在社会创业者的特征分析[103]，以及酒店行业的社会创业行为研究[21]。

三、研究述评

旅游社会创业通过整合思想、能力与资源，致力于从经济、社会和环境层面创新性地解决旅游目的地的复杂问题。与城市社会企业不同，乡村社会企业更强调关系性，因为乡村地区拥有独特的社会资本部署能力，能够更有效地汇聚集体倡议，从而在应对社区问题时展现出更高的适应性[112]。此外，乡村的社区感、团结感及地方网络关系为社会企业的实践提供了有利条件，使其更有利于本地社区的利益发展，并提高社区成员与外来人才的参与度与合作度[113]。这为乡村旅游社会创业的发展提供了独特的研究情境。

既有关于乡村旅游社会创业的研究主要探讨了其对本地社区的影响，并深入挖掘了社会企业如何利用地方资源影响地方互动与可持续性。然而，关于乡村情境下的社会企业对社区的潜在影响，学术界尚未达成一致，其结果是积极的还是消极的以及背后的作用机制仍有待进一步探索。部分学者认为，乡村旅游地的社会创业者能够承担更多社会责任，解决社会问题，并通过与社区合作促进乡村旅游的可持续发展[21]。相反，也有学者指出，乡村社会创业组织和公共的紧张关系，使创新项目无法从城市地区成功转移至乡村地区，从而导致了消极的创业成果[114]。同时，研究还发现乡村社会企业提供的服务可能直接或间接导致社会孤立，影响员工与志愿者的福祉[115]。由此可见，旅游社会创业的影响取决于其实践过程，研究需要关注社会企业是否具备明确的治理结构、能否真正融入社区，以及其在社区中的角色地位是由社区主导还是企业家主导。

进一步地，学者们逐渐发现旅游社会创业创造双重价值涉及多层次因素的动态互动，并结合企业、社区、制度环境等不同层次解析其对乡村的影响机制。例如，Richter 基于社会网络分析，将社会企业与中宏观的利益相关者建立联系，包括政府、公共机构与企业等，社会企业作为"嵌入的中介"在乡村社区中发挥着关键作用[113]；Barraket 发现，乡村社会企业倾向于在制度层面获得更多资源，利用政府资金、社区财政、公共部门建筑以及志愿者，以便融入当地社会[116]。然而，较少研究关注社会企业与乡村其他主体之间的互动关系，也未能深入剖析企业层面的实践行为如何影响社区发展乃至区域的整体演进。

尤为值得关注的是，全面实施乡村振兴战略为中国乡村旅游社会创业研究提供了独特的场域。然而，目前关于中国乡村情境下的旅游社会创业的研究数量有限，无论是在理论建构还是实证研究方面，均亟待系统深化。现有研究大多聚焦个体旅游社会创业者的动机、特征和角色，过度强调"个人英雄主义"在社会创业中的作用，忽视了集体组织的重要性。

如第一章所述，乡村旅游发展面临独特的"集体"议题。社会创业应结合集体行动过程，构建更符合中国情境的分析框架，探讨集体形式的社会创业如何产生并影响乡村发展。对这一问题的回应，不仅能够揭示集体行动在资源整合、社区参与和利益分配中的关键作用，还能够为乡村振兴提供更具实践意义的政策建议。因此，未来的研究应当超越个体层面的分析，深入挖掘集体行动与制度创新的内在联系，推动旅游社会创业研究向更加系统化和情境化的方向发展。

第三章 农村集体组织的理论溯源

农村集体组织是制度化集体行动的载体,其核心在于通过资源整合与权责共担,解决市场失灵与社会需求,构建可持续的创新路径。从 19 世纪英国罗虚代尔公平先锋社(the Rochdale Equitable Pioneers Society)的消费合作社,到当代中国乡村的股份合作制改革,合作社以"按交易额分红"和"民主管理"为原则,将经济互助与社会关系网络重塑相结合,奠定了集体社会企业组织的原型。而这一范式也随着经济的发展在全球各国不断演化:德国莱弗艾森合作社通过金融协同激活农业产业链;日本综合农协通过六次产业化重构社区福祉;中国则持续探索农村集体经济组织的发展路径。尽管制度环境不同,但其本质上都是集体行动从资源攫取转向价值共创的创新实践。农村集体组织不仅是社会创业的历史载体,也是其理论发展的溯源体系。本章将系统梳理农村集体组织的产生与发展,以及主要的学术研究脉络,为理解中国乡村集体社会创业的形成提供参考范式。

第一节 农村集体组织的产生与发展

农村集体组织的产生与发展根植于不同国家与地区的社会制度、文化传统和经济需求的复杂互动。从欧洲合作社运动的萌芽到东亚国家制度性集体化的探索,再到中国在社会主义道路上的独特实践,其形态与功能呈现出显著的全球多样性。

一、全球视野下的农村集体组织

在全球化的经济格局中,农业依然是许多贫困国家的重要经济支柱,无论是直接从事农业生产,还是通过农业相关产业获取收入,农业经济的市场化程度在很大程度上决定了这些国家和地区的经济发展水平[117]。在这一背景下,农村集体组织(包括农民组织、合作社以及类似形式的集体活动)应运而生,并逐渐成为降低交易成本、提升农业竞争力的关键组织形式[118-119]。

1. 英国合作社

欧洲作为现代合作社运动的发源地,其发展历程具有重要的示范意义。英国合作社的发展根植于19世纪工业革命带来的社会变革,其核心实践始于工人阶级为应对贫困与市场剥削而展开的自助运动。1844年,28名纺织工人在罗虚代尔成立公平先锋社,标志着现代消费合作运动的开端[120]。该社以成员开放、民主管理、根据购买量分红、限制资本的利息以及政治宗教中立为原则,通过集中采购生活必需品避免中间商盘剥,并将利润按社员消费比例分红。这一机制不仅提升了工人的购买力,还形成了合作社与社员的利益共生关系[121]。

19世纪后期,英国合作社逐渐形成自下而上的发展路径。具体而言,其构建起了一套包含基层零售社、地区批发社以及全国联盟在内的三级架构体系[122]。与此同时,政府在这一时期长期秉持消极态度,并未向合作社提供直接的资金扶持,合作社主要依靠社员所缴纳的股金以及日常经营所获得的盈余来实现自身的扩张与发展[123]。这种独立性使合作社成为工人运动的重要组成部分:一方面,合作社通过提供低价优质商品来改善工人的生活,引入每周半天休息制度与最低工资标准;另一方面,合作社倡导节俭与禁酒,提倡工人道德自律,间接消解了社会对贫困的道德指责[121]。20世纪初,英国消费合作社社员已经超200万人,占全国人口的比重上升到6.8%,零售额占比达7%,成为抗衡资本垄断的重要力量[124]。

以罗虚代尔原则为代表的英国合作社运行模式具有深远的国际影响,其"政治宗教中立""教育优先"等理念被国际合作社联盟采纳。合作社通过设立教育基金,建立图书馆、补习学校,设立社员子女奖学金等,将经济互助延伸至社会服务领域。然而,随着规模扩大,部分合作社逐渐转向市场化经营,管理层专业化与基层参与弱化的矛盾显现。尽管如此,英国合作社通过横向联合与纵向整合,成功构建了覆盖城乡的自治网络,为全球合作经济提供了"底层驱动、利益共享"的经典范式[125]。其发展经验表明,在缺乏政府直接扶持的背景下,社员主体性的充分发挥与组织创新力的持续激活是集体经济组织可持续发展的关键。

2. 德国合作社

德国合作社在制度设计和实践路径上呈现出独特性，其核心特征体现为多元化的服务领域、严密的组织架构与独特的运行机制。自19世纪中叶弗里德里希·威廉·莱弗艾森（Fridrich Wihelm Raiffeisen）创立首个农村信用合作社以来，德国合作社逐步形成覆盖农业生产、加工、销售、信贷及社会化服务的全产业链体系[126]。合作社成员以自愿加入为原则，通过自我管理的形式形成互助互利的民间经济组织，并通过"基层合作社—区域性联社—全国性联盟"三级体系实现资源整合，其中，地区联社集中采购生产资料以降低成本，全国联盟则主导跨国贸易与技术推广[127]。

在金融支持体系方面，莱弗艾森模式下的三级银行（地方合作银行、地区中心银行、德意志合作银行），通过低息贷款与风险共担机制，有效缓解了农户融资困难[128-129]。在制度方面，《合作社法》确立的法人地位保障了组织的独立性，而税收减免（免征营业税）、创业资助（最高25%补贴）及信贷利息补贴等政策支持，在提供制度激励的同时避免了行政干预，确保了组织治理的民主性。

进入现代化发展阶段，德国合作社通过横向合并扩大规模（如1971年成立德国莱弗艾森合作社国家联盟，DGRV），将业务延伸至物流、环保等新兴领域，甚至吸纳跨国成员拓展国际市场[122, 126]。德国合作社的发展经验凸显了法律保障、金融协同与社员自治的重要作用，三者的有机结合为农业组织化与现代化提供了系统性的解决方案。

3. 美国合作社

美国的合作社运动主要在欧洲的影响下开展，其发展历程可追溯至19世纪初，以乳制品和信贷合作社为雏形，并逐步形成了市场导向与"法团主义"①相结合的混合模式[123]。这一模式以成员利益为导向，通过整合生产资料供应、技术支持和融资服务等核心功能，构建起覆盖全体社员的农业服务体系。其组织形态具有三个特征：一是基于家庭农场基础形成非商业化联合机制，成员通过所有权共享实现服务自主供给；二是建立全国性网络化架

---

① 在法团主义模式下，政府通过中央/地方社实施层级化管理：一方面赋予其行业垄断权限以贯彻政策，另一方面将财政补贴、信贷优惠等资源通过该渠道垂直分配，同时保留合作社内部事务的自主协调权。

构，支撑农业生产、加工与销售体系的标准化运作；三是遵循自愿联合原则，以提升农场主经营效益为核心目标，形成农业生产者主导的资源配置模式[130]。

在组织结构上，美国合作社遵循"用户所有（user owner）、用户控制（user control）、用户受益（user benefits）"的"3U"原则，通过董事会、职业经理人和成员大会形成现代企业治理架构[120]。尽管美国合作社的经营规模逐年缩减，但其通过并购整合实现了营业额的持续增长，2020年总资产达1024亿美元，资产负债率稳定在53.61%[120]；在业务层面，合作社覆盖了当地农产品加工量的80%，在信贷、生产资料供应等领域的市场占比超过40%[131]，展现了规模化与专业化协同的高效模式。

除了市场导向的服务化体系构建，美国政府还通过颁布《卡珀—沃尔斯台德法案》（Capper-Volstead Act）确立合作社的法律地位并赋予其反垄断豁免权，为后续发展奠定了制度基础。与此同时，税收优惠和金融支持的同步跟进有效降低了合作社的运营成本，如《国内税收法则》明确了合作社的独立税收主体地位，允许实行惠顾返还和资本股利分红等优惠政策[130]。此外，联邦政府出资建立的农业信贷体系逐步移交合作社经营，体现了政策支持的阶段性特征[131]。总体而言，美国合作社的成功得益于法律保障、混合治理模式及政府精准扶持，但这一模式亦存在市场依赖度高、社员参与意愿下降等挑战。

4. 日本合作社

亚洲国家的合作社同样根植于其独特的历史条件与政策框架，形成了兼具经济、社会及政治功能的综合性组织模式。其中，发达国家以日本为典型代表。1900年，日本借鉴德国的合作社发展模式，通过构建法律保障体系建立综合农协体系（Japan Agricultural Co-operatives，简称"农协"或"JA"），以扶持农业经济发展。二战后初期，日本政府通过《农业协同组合法》重构农业组织体系，依托均质化小农社会基础与政府委托的粮食统购权，确立了综合农协在农产品流通与农村金融领域的垄断地位[132]。农协采取"属地性"三级架构（村—县—中央），覆盖生产、信贷、保障等全产业链服务，吸引日本全国99%的农户加入其中，形成高度组织化的"政府—中间组织—基层"治理链条[133]。

然而，随着城市化推进与成员异质化加剧，农协面临"去农化"与体制僵化的挑战，甚至成为土地集约化改革的阻碍[134]。为应对危机，日本合作社探索创新路径：一方面通过六次产业化来推动产业链延伸，例如稻叶农协以品牌化策略开发"鸟取砂丘Rakkyo"地理标志产品，北连农协通过精米加工标准化实现附加值提升，丝岛农协则以直销店模式促进产销协同[135]；另一方面，生活合作社通过"共生经济"模式重构非营利性服务体系，依托"共有资本"与互动式民主机制，组织社员互助、协调物资分配，形成危机治理的社会化网络[136]。在风险分散机制上，农业共济制度构建了"基层组合—联合会—农林水产省"三级保险体系，通过财政补贴与再保险设计，将水稻、乳牛等主要农产品的参保率提升至70%以上，有效缓解了小规模农业的脆弱性[137]。这些创新实践为当代集体经济组织应对动态环境变化提供了可参考的经验借鉴。

5. 印度合作社

作为亚洲发展中国家的代表，印度合作社的发展根植于其农业经济需求与社会分层结构，形成了政府引导与民间自发组织相结合的混合模式。1904年印度《合作社法案》颁布，首次确立了合作社的法律地位，独立后通过"五年计划"将其纳入农村发展的核心体系，构建了"基层合作社—地区联盟—国家总会"三级架构。在此组织基础上，印度合作社逐步探索出品牌化发展路径。其中的典型如印度奶业合作社（Amul），通过整合分散的奶农资源，构建"生产—加工—销售"一体化网络，依托品牌化战略（如"Amul黄油"）占据了印度全国超过70%的牛奶及奶制品的市场份额[138]。

为强化这一体系，政府通过多种方式加强对合作社的支持，如通过税收减免、信贷补贴及基础设施投资、专设低息贷款支持合作社技术升级等[139]。然而，种姓制度与土地权属碎片化导致资源整合困难，部分合作社沦为精英阶层的谋利工具[140]。为突破困境，喀拉拉邦推行"人民计划运动"，将合作社嵌入地方自治体系，通过民主决策分配发展资金，形成"合作社—村务委员会—妇女自助组"协同网络。此类实践虽提升了弱势群体的参与度，却因行政过度干预削弱了经营自主性。印度合作社的困境揭示了集体经济组织的共性挑战，即如何平衡政府干预与基层自治，避免外部依赖对合作本质的侵蚀。其经验表明，只有同时兼顾文化传统（如社区互助）与市场化效率，才能实现本土化创新与可持续性转型。

6. 国际合作社多维度比较

合作社作为农村集体经济组织的重要形态，其发展模式因制度框架、历史传统与政策导向的差异而呈现显著分化的态势。基于政府干预程度与基层自治空间的动态平衡,各国合作社可归纳为"自上而下""自下而上"以及"混合型"三种模式,其核心差异体现在法律支持、组织结构、核心特点及政府角色等维度。表3-1从发展路径、制度设计及功能定位等方面对各国合作社模式进行系统性比较,以期揭示其内在逻辑与实践启示。

表3-1 各国合作社比较

国家	发展路径	法律支持	组织结构	核心特点	政府角色
英国	自下而上	无直接立法,依赖罗虚代尔原则	三级架构(基层零售社、地区批发社、全国联盟)	消费合作社为主,民主管理、按消费分红,强调教育与社会服务	消极支持,无财政干预
德国	自下而上	《合作社法》	三级体系(基层社—区域联社—全国联盟)	全产业链覆盖,合作金融突出,莱弗艾森模式	间接支持(法律与税收优惠)
美国	混合型	《卡帕—沃尔斯台德法案》	网络化联合(家庭农场为基础)	市场导向,"3U"原则(用户所有、用户控制、用户受益),反垄断豁免	阶段性扶持(税收优惠、信贷)
日本	自上而下	《农业协同组合法》	三级架构(村—县—中央)	综合农协垄断,六次产业化延伸产业链,共生经济模式	高度干预(政策与资金支持)
印度	混合型	《合作社法案》	三级架构(基层合作社—地区联盟—国家总会)	资源整合,品牌化战略	政府引导与民间自发组织相结合(税收优惠、信贷)

合作社自上而下的发展模式以政府为主导力量,通过立法、财政补贴以及行政指令构建层级化组织体系(如中央—地方—基层三级架构),覆盖生产、流通、金融等全产业链服务,形成垄断性或半垄断性网络。政府深度介入合作社的功能定位(如政策执行工具)、资源分配(如粮食统购权)与风

险管理（如保险共济机制），旨在快速实现规模化与资源整合。其优势在于能够高效统筹且具有抗风险能力，但同时也容易引发官僚化、社员自治弱化及市场适应性不足等问题。

而自下而上的发展模式则以基层成员需求为核心驱动力，通过民主自治（如"一人一票"）、利益共享（按交易量分红）及社会服务（如教育基金）形成内生性组织体系。政府角色相对消极，主要依赖成员股金与经营盈余实现扩张，组织结构松散灵活（如三级联合但不强制）。其优势在于社员主体性强、创新活力高，契合本地化需求，但同时也存在资源整合能力有限、规模化难度大、易受外部市场冲击等问题。

混合型模式结合政府引导与市场机制，通过法律保障如反垄断豁免与阶段性政策支持激活合作社的市场竞争力，同时保留社员自治空间。组织结构兼具网络化（跨区域联合）与专业化（职业经理人治理），业务覆盖生产、加工、销售全链条。其优势在于能够较好地平衡效率与公平，但仍需警惕政策依赖削弱内生动力，或市场化过度稀释合作的本质。

各国合作社的差异化实践为中国提供了多元参照：如何在政府引导与社员自治间构建动态均衡，如何通过法律保障与金融创新激活内生动力，以及如何依托产业链延伸与品牌化实现附加值提升，成为破解"小农户-大市场"矛盾的关键命题。中国合作社需立足本土农情，在制度设计上兼顾行政引导与基层内生动力，在功能定位上平衡经济效率与社会福祉，走出一条兼具组织韧性与发展活力的中国特色合作化道路。

二、中国的农村集体经济组织

在中国语境下，农村集体组织特指农村集体经济组织，其发展始终与国家战略紧密关联。中华人民共和国成立初期的农业合作化运动以快速实现工业化为目标，这一阶段的集体组织以"人民公社"为核心，以供销合作社作为重要载体，承担了资源配置与社区服务功能，形成了"统分结合"的双层经营体制[141]。这一过程虽然推动了农业社会化大生产，但也因过度集中与分配平均主义，逐渐暴露出生产效率低下、农民积极性受挫等问题，并在改革开放后逐步解体[142]。

改革开放后，农村集体经济组织进入转型期。在改革开放初期，农村合作社主要以生产队为基本单位，承担着组织农民进行集体生产的重要职能，这一时期的合作社在农业生产和农村经济中发挥了基础性作用，但也存在生产效率相对较低、农民自主性受限等问题[143]。随着家庭联产承包责任制的推行，家庭经营逐渐从集体中独立，农村合作社开始向更加灵活多样的形式转变。在这一阶段，农民专业合作社逐渐兴起，它们以特定的农产品或农业服务为纽带，将农民组织起来，提高了农民在市场中的议价能力和生产效率，促进了农业的专业化和规模化发展[144]。但部分合作社仍存在组织功能弱化、市场能力有限等问题。

2000年后，随着市场化改革的持续深入，农村集体经济通过产权制度改革与要素重组重新焕发活力。这一阶段的集体组织不再局限于传统农业生产，而是向纵深产业链、数字化治理与社会化服务拓展，体现了市场化发展与创新驱动的典型特征。具体而言，2007年《中华人民共和国农民专业合作社法》（简称《农民专业合作社法》）的实施，标志着合作社发展进入法治化轨道，法律明确按交易额返还盈余与民主控制原则，为合作社的规范化运作提供了制度框架[143]。在具体实践上，土地股份合作社、社区股份合作社等创新形式在东部沿海地区率先试点，通过资源整合与要素入股探索规模经营路径。与此同时，龙头企业领办合作社的模式可弥合小农户与大市场的对接缺口[143,145]，推动农村合作社市场化发展。在这一阶段，部分合作社也呈现出内部人控制、"空壳化"等现象，农村集体经济组织的治理转型亟待推进。

党的十八大以来，乡村振兴战略的推进与相关法律法规的完善为农村集体经济组织的发展注入了新动能。2016年发布的《中共中央 国务院关于稳步推进农村集体产权制度改革的意见》提出清产核资与股份合作制改革，旨在通过成员权量化激活集体资产。尤为值得关注的是，《中华人民共和国农村集体经济组织法》（简称《农村集体经济组织法》）于2025年5月1日正式施行。该法规对集体成员的认定及其相应的权利、责任均进行了详细规定，明确成员身份不因就学、服役、务工、经商、离婚、丧偶、服刑等情形发生变动。针对农村妇女权益保护，特别规定妇女享有与男子平等的集体经济组织成员权利，禁止以婚姻状况为由剥夺其土地承包、宅基地使用、集体收益分配等法定权益。这一制度设计有效解决了长期存在的成员身份争议，为集体产权制度改革奠定了稳定的法律基础。

《农村集体经济组织法》的出台及实施，对深化农村集体产权制度改革、保障农民财产权益、壮大集体经济具有深远影响。在制度保障之下，集体经济组织大力发展特色农业、乡村旅游、农村电商等多种业态，并通过产权交易系统促进集体资产的市场化流转。目前，以集体经济组织或农村合作社为主导的乡村产业已经突破单一生产领域的传统模式，向产业链延伸与三产融合拓展。电商合作社、乡村旅游合作社等业态创新层出不穷，展现出了农村集体经济的巨大发展潜力与广阔发展前景。

需要特别指出的是，虽然农村集体经济组织与农村合作社均服务于农村经济发展，但二者在性质与功能上存在差异。农村集体经济组织是中国特有的经济组织形式，以土地集体所有制为基础，具有法定的社区性经济主体地位，其成员身份与户籍、土地权益紧密绑定，核心职能在于管理集体资产和保障成员权益。相比之下，农村合作社是农民自愿联合而成的互助性经济组织，这种形式在全球范围内广泛存在。合作社成员基于共同的经营需求，跨越地域进行合作，通过民主管理开展生产、加工、销售等专业化服务。农村合作社的组建和退出机制更为灵活。

农村集体经济组织与农村合作社都承担着资源整合的重要功能，但二者各有侧重：前者更专注于集体产权制度的实施与完善，后者则侧重于市场化经营的创新与拓展。然而，在实践层面，农村集体经济组织与合作社之间存在一定程度上的功能交叉。由于乡村专业人才匮乏，部分合作社与集体经济组织出现了管理人员重叠的现象。加之内部治理机制不健全，一些合作社陷入了"空壳化"运作的困境[146]。这表明，合作社的规范化发展需充分结合农村集体经济组织的制度优势，在组织架构、运营机制等方面探索符合本土实际的发展路径。

综上所述，中国农村集体经济组织的发展历程既是国家政策与基层实践互构的产物，也是农业现代化进程中制度变迁的缩影。从集体化时期的行政主导到市场化阶段的多元探索，农村集体经济组织始终承担着衔接小农户与现代化农业的职责。党的十八大以来，乡村振兴战略的深入推进与《农村集体经济组织法》的颁布实施，进一步夯实了农村集体经济组织的制度根基。因此，农村集体经济的发展应立足于中国特色社会主义制度优势，合理借鉴国际合作社的互助经验，在既有改革成果的基础上探索新型集体经济实践路径，为农业农村现代化转型注入持续发展动能。

第二节 农村集体组织的研究史

学术界对农村集体组织的探索历经了从单一学科分析向多学科融合的范式演进,重点探讨了其文化传统、权力结构与制度变迁等核心议题。本节立足于知识生产的历时性视野,从文化、制度和治理三个层面,系统梳理农村集体组织的研究脉络,为探讨乡村旅游发展过程中的集体议题提供更具解释力的分析工具。

一、"集体"的文化:传承与变迁

农村文化具有重复性、经验性和自然性,这些特性造就了农村互惠依赖的集体生活方式,与个体化的城市生活形成鲜明对比[147]。农村集体组织的产生与发展,深深扎根于复杂多变的社会文化环境之中,呈现出传承与变迁的动态特征。一方面,传统乡土文化对农村社会影响深远,差序格局、家族观念、土地情结等文化基因,早已融入村民的日常生活与价值观念;另一方面,随着现代化进程的加速,现代科层制度、市场经济规则以及国家政策导向不断介入乡村,推动农村集体组织在文化层面发生变迁。因此,农村集体组织的文化既是历史与传统文明的载体,又在变迁中不断延续与更新。

传统与现代交织下的文化实践,是理解农村集体组织运行机理与行动逻辑的关键。最早对农村集体组织的文化实践展开研究的是人类学家,他们剖析了集体化进程中乡土社会的深层文化逻辑及其动态变迁。例如,詹姆斯·C. 斯科特(James C. Scott)通过考察东南亚农耕社会的民族志,在《农民的道义经济学:东南亚的反叛与生存》(*The Moral Economy of the Peasant: Rebellion and Subsistence in Southeast Asia*)中系统阐释了小农经济行为背后的文化逻辑[148]。他指出,在前资本主义社会中农业生产者具有"安全第一""避免风险"的生存理性,构建了包括互惠规范、风险分摊机制及生计权道德共识在内的文化防护网,形成了抵御生态波动与政治经济冲击的韧性系统。斯科特特别强调,这种植根于村社共同体的"道义经济"秩序,本质上是对抗现代性双重侵蚀(资本主义市场扩张与国家权力渗透)的文化自卫机制,使得小农集体行动往往呈现出鲜明的防卫性特征。

基于文化视角,农村集体组织并非单纯的经济或政治实体,而是深度嵌入地方文化网络之中。卡尔·波拉尼（Karl Polanyi）在其经典著作《巨变：当代政治与经济的起源》（*The Great Transformation: The Political and Economic Origins of Our Time*）中提出了嵌入性理论[149]，深入揭示出前工业社会中经济体系植根于社会结构的本质特征，即经济活动并非自主运作的独立领域，而是作为社会关系的有机组成部分存在。这为理解传统农耕文明下的小农经济提供了新的视角：小农经济的生产逻辑始终遵循生存伦理而非市场理性，经济决策深嵌于血缘、地缘及文化象征体系构成的复合网络之中。

在此分析框架下，农民经济行为展现出独特的意义生产机制。个体行动者并非如新古典经济学预设般追求效用最大化，而是通过互惠性实践构建风险分摊机制，在声誉积累、社区认同及代际责任履行的文化场域中实现价值再生产。家庭单元作为核心行动单位，其"为家人而劳"的生产伦理，实质上是斯科特所述的"道义经济"的微观具现——通过各种非正式制度安排维系共同体存续，构成抵御生存危机的基础性社会结构。类似的观点也体现在黄宗智对华北地区小农经济与社会变迁的分析之中，其创新性地提出的"内卷化"理论，强调在人多地少的客观条件下，小农家庭通过自我剥削式劳动投入维持"无发展的增长"（growth without development），导致劳动生产率持续停滞于糊口水平[150]。这一分析不仅批判性地指出了集体化经济的效率困境，更揭示了传统小农社会以家庭为本位的生存理性，本质上是特定文化生态系统演化出的适应性策略，并通过代际责任伦理与社区互惠规范不断延续。

文化基底为乡村社会的集体组织运行提供了基础。普拉森吉特·杜赞奇（Prasenjit Duara）在《文化、权力与国家：1900—1942年的华北农村》（*Culture, Power, and the State: Rural North China,1900–1942*）中提出了"权力的文化网络"概念，指出传统乡村社会通常维系着非政治化的公共空间，并基于小农经济、宗族文化和民间信仰形成了独特的自治系统。这一系统被国家政权所默认，并成为消解现代化冲击的缓冲机制[151]。值得关注的是，国家通过将宗族权威、庙会组织等地方性资源纳入治理轨道，实质上完成了对乡村社会的"象征性吸纳"——这种治理策略既保持着对传统公共空间的策略性让渡，又实现了国家权力借由文化网络向基层的柔性渗透。

当代乡村社会转型的相关研究进一步印证了文化网络的动态调适能力，及其对集体行动的影响。以我国西南地区的少数民族村寨为例，其社区内部记忆以及核心家庭的网络嵌入，使村民在乡村社会转型中仍然保持较强的集体行动能力[152]。例如，在面对土地流转、旅游开发等变迁时，村民能够激活传统组织资源进行策略性应对。在此过程中，农民的身份认同具有双重性：一种是集体户籍制度将个体固化为"社员"这一制度性身份；另一种是基于血缘、地缘的传统纽带形成的共同体意识。这种形成"制度性集体"与"文化性共同体"的并行存在，凸显了在探讨当代农村集体组织及集体行动议题时，将其置于具体的文化情境中加以考察的必要性。

二、"集体"的制度：适应与演进

土地不仅是农民的生存基础，更是家族传承与身份认同的重要载体。在传统乡土社会中，土地作为最核心的生产资料，其产权归属与分配方式深刻影响着集体组织的形态与运行。从本质上看，农村集体组织的制度形成与变迁，就是土地等关键生产资料的产权结构不断调整与优化的过程。这一过程既会受到历史传统与文化观念的深刻影响，又能在现代化进程中不断适应新的经济与社会需求。

罗纳德·科斯（Ronald Coase）的产权理论指出，清晰的产权界定是资源有效配置的前提[153]。然而，在传统农耕社会，受生产力水平与生产关系的制约，土地等核心生产资料的产权界定具有鲜明的模糊性与集体性特征。在封建土地所有制下，土地名义上归地主阶级所有，但实际耕作的农民群体基于长期的共同劳作与地域依附，形成了对土地的"事实共有"认知。这种模糊的产权安排，一方面源于在生产力低下时期，个体难以独立承担农业生产风险，需要通过集体协作实现风险分摊与资源互补；另一方面，也受到传统家族观念与村落共同体意识的影响，土地被视为维系家族存续与村落稳定的基础性资源，其产权属性不可避免地与家族伦理、村落秩序深度交织。这种基于历史传统与社会文化形成的模糊集体产权，构成了农村集体组织制度的原始雏形，为后续集体组织的发展奠定了制度基础。

兰斯·戴维斯（Lance Davis）和道格拉斯·C.诺斯（Douglass C. North）指出，制度变迁的动力源于变迁的预期收益超过预期成本[154]。在中华人民共和国成立初期，面对国家工业化建设的迫切需求与分散小农经济的低效困境，政府主导推动的农业合作化运动应运而生[155]。这一时期，农村集体组织制度从传统的模糊集体产权向高度集中的集体产权制度急剧转变。通过土地改革与农业合作化，土地等生产资料收归集体所有，实现了农业生产资料的规模化整合与统一调配。这种制度变迁的预期收益在于，集中力量办大事，通过集体化生产提高农业生产效率，为国家工业化提供充足的农产品供应与原始资本积累；同时，也有助于破除封建土地所有制下的阶级剥削，实现社会公平与政治稳定。然而，这一高度集中的集体产权制度在实践过程中逐渐暴露出效率低下的问题。由于缺乏有效的激励机制，农民个体的生产积极性受挫，农业生产陷入"出工不出力"的困境，制度运行成本急剧上升，预期收益难以实现。

改革开放后，家庭联产承包责任制的推行成为农村集体组织制度变迁的又一关键节点。这一制度创新在坚持土地集体所有的前提下，将土地使用权承包给农户，实现了集体产权的适度分解与农户经营自主权的扩大[156]。一方面，家庭联产承包责任制通过赋予农户经营自主权，调动了农民的生产积极性，提高了农业生产效率，实现了粮食产量的快速增长，满足了国家与农民对农产品需求的双重目标，带来了显著的制度收益；另一方面，该制度在保持土地集体所有制框架不变的基础上进行改革，降低了制度变迁的政治风险与社会成本，确保了改革的平稳推进。家庭联产承包责任制的实施，标志着农村集体组织制度从高度集中的集体产权向"统分结合"的双层经营体制转变，既保留了集体在基础设施建设、公共服务提供等方面的优势，又充分发挥了家庭经营的积极性与灵活性，成为中国农村集体组织制度发展历程中的一次重大制度创新。

进入 21 世纪，随着市场经济体制的不断完善与城乡一体化进程的加速，农村集体组织制度面临着新的挑战与机遇。产权制度改革的深化成为这一时期农村集体组织制度变迁的核心议题。一方面，农村集体资产股份合作制改革在全国范围内逐步推行，通过将集体资产量化到人、确权到户，赋予农民对集体资产的明晰产权份额，实现了集体产权的进一步明晰化与市场化[157]。这一改革举措不仅增强了农民对集体资产的收益分配权与决策参与权，调动了农民参与集体经济发展的积极性，也为农村集体资产的市场化运作与资本化运营创造了条件，有助于提高集体资产的使用效率与增值能力。另一方面，农村土地"三权分置"改革的推行，在坚持农村土地集体所有的基础上，将土地承包经营权进一步细分为所有权、承包权与经营权，实现了土地经营权的流转与市场化配置。这一制度创新为农业规模化经营、产业化发展提供了制度保障，促进了农业现代化进程[158]。从制度经济学视角分析，农村集体产权制度改革与土地"三权分置"改革的推行，是农村集体组织制度在新的时代背景下为适应市场经济需求、提高资源配置效率而进行的主动调整与创新,其预期收益在于通过产权制度的完善激发农村经济发展活力,促进农民增收与农村繁荣,而制度变迁成本则主要体现在改革过程中可能引发的利益调整矛盾与制度衔接问题。

在农村集体组织制度变迁的过程中,国家政策导向始终发挥着关键作用。国家通过制定一系列法律法规与政策文件,为农村集体组织制度的发展提供了制度框架与政策支持。同时,国家权力也通过不同的治理策略渗透到乡村社会,影响着集体组织制度的运行与变迁。例如,在农业合作化时期,国家通过政治动员与行政手段推动集体化进程,实现了对农村集体组织制度的强力塑造;而在改革开放后,国家逐渐转变治理方式,尊重农民的首创精神,通过政策引导与制度供给推动农村集体组织制度的渐进式改革。这种国家权力与乡村社会的互动关系,构成了农村集体组织制度变迁的独特政治经济背景。

三、"集体"的治理:变革与创新

在乡村治理的语境中,农村集体组织被视为调和国家与农民关系的"缓冲带"与"整合器",其本身就是一种重要的治理手段。随着乡村从"熟人社会"向"半熟人社会"乃至"无主体熟人社会"转型[159],传统的基于血缘、地缘的内生秩序逐渐瓦解,乡村社会的治理结构面临深刻变革。在此背景下,农村集体组织在重构乡土社会秩序中扮演着枢纽角色,成为乡村治理的重要支点。贺雪峰指出,集体组织能够降低国家直接介入乡村社会的交易成本,并为资源整合与政策执行提供组织基础[160]。

尽管如此,农村集体组织所具有的经济组织与治理组织的双重属性,也带来了诸多挑战。例如,由于其职能边界模糊不清,导致成员权分配不公、集体资产流失等问题频发,进一步加剧了社会矛盾。此外,决策权过度集中于少数村干部手中,也可能引发治理失效,进而削弱集体行动的统一性[161-162]。特别是当集体组织过度依赖行政权威而忽视农民的主体参与时,可能会加剧个体的疏离感,削弱社会资本的积累,从而对乡村治理的可持续性产生负面影响。因此,"集体"不仅是一种治理手段,也是乡村社会重要的治理对象。

为破解"集体"作为治理对象可能带来的困境,既有研究从制度创新、组织创新、技术创新等多个层面进行了探讨。制度创新从委托代理理论出发，认为传统集体组织因监督机制缺失，容易导致代理人出现道德风险。对此，可以通过经济激励与社会声誉的双重机制加以缓解：一方面，通过物质激励保障代理人的正当权益，使其有动力履行职责；另一方面，借助社区舆论形成软性约束，促使代理人自觉维护自身声誉[163]。与此同时，通过引入成员代表会议等制度，推动"形式民主"向"过程民主"转变，提升成员在决策过程中的参与度，从而有效遏制委托人话语权缺失以及权力过度集中化的倾向。

组织创新通过发挥不同组织的优势，重塑集体行动的可能性边界。例如，"企业+合作社"的发展模式以市场为导向，充分发挥企业在资源优化配置与激励机制方面的作用，实现产业链整合及价值创造。企业凭借市场敏感性和资源整合能力，将分散的集体资源进行高效整合与重组[164]，并通过自身市场渠道和品牌优势，帮助集体组织拓展市场空间、提升产品附加值。同时，企业通过合理的利益分配机制和绩效考核制度，调动集体组织参与者的积极性，有效解决"搭便车"问题，促进集体组织的可持续发展[165]。这种模式通过建立长期稳定的合作关系，实现优势互补、协同发展，提升集体行动的整体效益[166]；通过技术培训和管理咨询等方式，提升集体行动主体的治理能力，推动其规范化、专业化发展。然而，以利润最大化为导向的企业主导的集体行动存在漏损风险。以中国农村新型集体经济为例，部分集体组织在企业驱动下过度追求经济效益，忽视社区福利[166]。因此，"企业+合作社"模式应既保持集体组织的社区属性，又通过市场化机制提升资源配置效率，回应地方文化逻辑，实现嵌入当地经济的在地化转化。

技术创新通过引入数字化技术与传统乡村治理深度融合，形成复合型治理模式。从技术角度看，数字化、智能化技术的广泛应用为农村集体组织治理提供了新工具和新手段。区块链技术以其去中心化、不可篡改、透明公开的特性，为集体资产监管提供了新的解决方案[167]。通过区块链技术，集体资产的每一笔交易、每一次流转都能被准确记录，有效防止了资产暗箱操作与流失，提升了信息透明度。此外，大数据、云计算等技术的运用，使得农村集体组织能够更精准地掌握成员信息、资产状况和市场动态，为科学决策提供有力支撑[168]。从过程角度看，技术创新与乡土社会的议事传统相结合，催生了"线上+线下"的混合治理机制。线上通过搭建数字化议事平台，集体组织成员可以打破时空限制，就集体事务进行充分讨论和协商，快速形成共识，在提高决策效率的同时还增强了成员的参与感和归属感[169]。线下则通过建立监督小组等机制，对集体项目的实施进行实地监督，确保线上形成的共识能够得到有效执行。这种线上、线下相结合的治理方式，既保留了乡土社会的传统智慧，又融入了现代科技的便捷高效，形成了独具特色的复合治理模式。

表3-2系统梳理了农村集体组织在文化、制度和治理层面的核心研究议题。在文化维度上，传统乡土文化与现代因素交织，文化基底为乡村集体组织运行提供基础，文化实践影响集体组织运行。在制度维度上，农村集体组织制度围绕土地等生产资料进行产权调整并经历不同阶段变迁，而国家政策导向在制度变迁中起关键作用。在治理维度上，农村集体组织在乡村治理转型中既是重要手段，又是重要对象，面临诸多挑战。学者分别从制度、组织、技术创新层面探讨了破解困境的实践路径。

表3-2 农村集体组织各维度的核心研究议题

维度	核心议题	具体内容
文化层面	传统与现代文化交织	传统乡土文化对农村集体组织的影响，如差序格局、家族观念、土地情结等融入村民生活与价值观。在现代化进程中，现代科层制度、市场经济规则、国家政策导向推动农村集体组织的文化变迁
	农村集体组织的文化深嵌	人类学家对农村集体组织文化实践进行了研究，剖析了集体化进程中乡土社会深层文化逻辑及动态变迁。基于嵌入性理论分析了传统农耕文明下小农经济生产的逻辑，以及农民经济行为的意义生产机制
	权力关系的文化逻辑与文化网络动态调适	在杜赞奇"权力的文化网络"理论下，国家"象征性吸纳"乡村资源。在当代乡村转型中，文化网络动态调适影响集体行动，农民身份认同呈现双重性
制度层面	制度演进的阶段性	农村集体组织制度围绕土地等生产资料调整与优化，不同历史时期产权制度下农村集体组织的形态与运行特点有所差异
	产权制度改革	在传统农耕社会，产权的模糊集体性影响制度形成；中华人民共和国成立后，产权从模糊集体制转变到高度集中制，存在实践问题；改革开放后家庭联产承包责任制创新产权模式；21世纪股份合作制与"三权分置"改革带来新挑战和新机遇

（续上表）

维度	核心议题	具体内容
制度层面	国家政策导向的制度建构	国家政策主导制度变迁方向，国家权力与乡村社会在政策引导、实践反馈中互动，共同塑造集体组织制度发展格局
治理层面	制度创新	从委托代理理论出发解决传统集体组织监督机制缺失问题，并通过经济激励、社会声誉及成员代表会议制度提升成员参与度
治理层面	组织创新	通过"企业＋合作社"模式介入优化资源配置与激励机制，但也面临漏损风险与地方文化逻辑的回应问题
治理层面	技术创新	数字化技术与传统乡村治理融合，区块链、大数据、云计算等技术应用于集体资产监管与决策，形成"线上＋线下"混合治理机制

通过归纳这三个核心层面的研究脉络，可以发现其演进呈现出三个显著趋势。其一，理论框架从单一学科解释转向跨学科整合，形成"文化—制度—治理"的多维分析范式。例如，在集体产权制度改革中，充分考虑地方文化逻辑，避免制度与文化脱节导致的实施困境；在治理模式创新中，依托文化网络培育农民的共同体意识，提升其参与治理的主动性与积极性，实现文化、制度与治理的协同共进。其二，研究内容强调制度创新与市场机制的有序衔接。一方面，持续推进产权制度改革，进一步明晰产权归属，完善要素市场化配置机制，激发农村集体资产活力；另一方面，在制度设计上引入市场激励机制，如探索多元化的集体经济实现形式，鼓励农村集体组织与市场主体开展广泛合作，借助市场力量提升集体经济发展质量与效益，实现制度创新与市场机制在农村集体组织发展中的良性互动。其三，价值取向转向多元主体协同发展。政府、集体组织、市场以及村民等多主体不断涌现，这就进一步要求明确各主体在农村集体组织发展中的角色定位与职责边界，促进多元主体之间的良性互动与协同合作。

第三节　农村集体组织与集体社会创业

农村集体组织的功能定位与运行逻辑，与当代中国乡村集体社会创业实践紧密相连。集体社会创业旨在通过集体行动整合资源、重构权责关系，并以社会价值为导向推动可持续创新[170]。农村集体组织的历史延续性与制度创新性，为集体社会创业提供了组织基础与行动框架。二者在实践层面相互依存：农村集体组织通过制度创新为集体社会创业创造条件，集体社会创业则为农村集体组织注入新的活力与动能。在理论层面，农村集体组织与集体社会创业的价值导向存在内在一致性，这种一致性不仅体现在资源整合与权责重构的具体实践中，更深刻地反映在二者对社会价值与可持续发展的共同追求中。

一、实践之维：合作社作为一种集体社会创业形式

1. 历史维度

人类为了社会目的而进行商品交易的历史可能与人类社会的历史一样悠久。互助组织、合作社、社区企业等都是社会企业的重要组织形式[171-172]。历史上，合作社这一组织形态是最早的集体社会创业形式之一，其起源可追溯至19世纪。英国的"公平先锋社"作为现代合作社的先驱，堪称早期社会创业的典范，其核心理念是通过集体行动解决个体难以解决的问题，从而实现社会价值的最大化。

在中国，合作社的发展历程不仅反映了经济制度的变迁，也体现了集体社会创业理念的逐步深化和实践。在计划经济时期，农村集体组织通过集体化的方式实现了资源的集中调配和大规模生产，尽管在效率上存在一定的问题，但这种模式为后续的集体社会创业奠定了组织基础。例如，1956年底，参加合作化的农户占全体农户的96.3%，其中87.8%是完全实行集体所有制的高级农业生产合作社（简称"高级社"）①。这一时期的集体化运动在一定程度上限制了个体经济的灵活性，但通过集体的力量推动了农村基础设施的

---

① 参见新华社《共和国的足迹——1956年：庆祝社会主义改造完成》，见中国政府网（https://www.gov.cn/test/2009-08/07/content_1385567.htm）。

建设和大规模的农业生产，为后续的经济发展积累了重要的物质基础。这种集体行动的模式可视为早期的集体社会创业实践，其目标是通过集体力量解决个体难以解决的问题，实现社会价值的最大化。

改革开放后，随着市场经济的发展，农村集体组织逐渐向市场化转型，涌现出了多种形式的合作社，如农业合作社、手工业合作社等。这些合作社在促进农村经济发展、增加农民收入方面发挥了重要作用。这一时期的合作社，不仅在经济上取得了显著成效，还在社会层面促进了农村社区的稳定和发展，为农民提供了更多的就业机会和收入来源。例如，20世纪80年代末至90年代初，广东省广州市天河区沙河镇杨箕村等地率先实行村级集体经济股份合作制改革。这一改革将集体资产以股权形式量化到个人，并按股权进行收益分配。通过这种方式，改革不仅提高了农民的经济收益，还增强了他们对集体资产的归属感和责任感，进一步推动了当地农村经济的发展。通过创新的组织形式和运营模式，合作社解决了农村经济发展中的诸多问题，实现了经济与社会价值的双重提升，呈现出社会创业的特性。

进入21世纪，政府积极推动农民合作社发展，2006年《农民专业合作社法》颁布后，合作社数量从2006年的2.64万家增长至2021年底的220余万家[173]。新时代的集体经济组织不仅追求经济效益，更注重社会价值创造与可持续发展。例如，四川省成都市崇州市道明巧妹子竹编专业合作社通过组织农民参与竹编生产，不仅增加了农民收入，还促进了地方文化的传承与保护；四川省成都明月乡村旅游专业合作社通过整合乡村资源，发展乡村旅游，推动了乡村经济多元化。这些案例表明，合作社通过集体行动与资源整合，能够在文化艺术、农牧渔、社区经济等领域实现社会与经济价值的双重目标。新时代的集体社会创业更加注重创新商业模式与资源整合，以解决社会问题，实现社会价值最大化。

在乡村振兴战略背景下，农村集体经济组织的发展不仅需要适应市场经济的要求，还需要在社会价值创造中扮演重要的角色。从历史维度上看，合作社已经从单纯的经济组织转变为具有社会使命的创新主体。这种转变不仅体现在合作社的组织形式和运营模式上，更彰显其对社会问题的深度关切及解决效能的提升上。因此，合作社在新时代的发展，既是对传统集体化模式的继承和创新，也是对社会企业理念的践行和拓展，从而为推进乡村振兴和共同富裕提供坚实支撑。

2. 现实表现

在现实表现方面，合作社作为一种集体社会创业形式，已经在多个领域展现出丰富的实践成果。根据社会企业行业评价服务平台的统计，截至2024年底，在已认证的573家社会企业中，乡村社会企业共计54家，其中，合作社有8家，见表3-3。

表3-3　已认证社会企业中的合作社名录

企业名称	领域	认证时间	区域
饶平县潮农种养专业合作社	农牧渔与乡村发展	2022年	广东
成都市双流区鑫益农业农民专业合作社	社区经济	2022年	四川
海南定安新竹次滩观光旅游专业合作社	农牧渔与乡村发展	2017年	海南
成都明月乡村旅游专业合作社	农牧渔与乡村发展	2019年	四川
成都市郫都区战旗蔬菜专业合作社	农牧渔与乡村发展	2018年	四川
金堂县云敏果蔬专业合作社	农牧渔与乡村发展	2020年	四川
崇州市道明巧妹子竹编专业合作社	文化、体育与艺术	2020年	四川
成都长埂惠民农业综合服务专业合作社	社区经济	2020年	四川

数据来源：社会企业行业评价服务平台（https://www.csedaily.com/）。

实践表明，合作社正在成为乡村社会企业的重要组成部分。这些合作社重点关注"农牧渔与乡村发展""社区经济""文化、体育与艺术"等领域，体现了合作社在资源整合与社会价值创造方面的优势。

在"农牧渔与乡村发展"领域，合作社是推动农业现代化、促进农村经济增长和实现乡村全面振兴的重要力量。一方面，合作社能够整合分散的农户资源，实现规模化、标准化生产，提高农业生产效率与产品质量。通过统一采购农资、统一技术指导、统一销售渠道等方式，合作社能够有效降低生产成本，增强农产品在市场中的竞争力，保障农户收益稳定增长。另一方面，合作社积极参与乡村产业融合发展，延伸农业产业链，拓展农业多种功能。在农产品加工、仓储、物流，以及乡村旅游、休闲农业等新业态中发挥引领作用，创造更多的就业机会，吸引人才回流农村，推动乡村经济多元化发展，助力乡村产业结构优化升级，为乡村可持续发展注入新活力。

在"社区经济"领域，合作社是激活社区经济活力、提升社区居民生活品质的重要载体。它以社区为依托,围绕居民日常生活需求,整合社区内外的各类资源,开展多元化经营服务活动。从组织层面,合作社能够动员居民共同参与社区商业项目开发,如社区便利店、社区食堂、社区养老服务等。合作社不仅为居民提供便捷、优质、实惠的商品和服务,满足社区居民多样化的需求,还能增加社区居民收入来源,促进社区内就业。同时,合作社通过民主管理和利益共享的机制,增强社区居民之间的联系与合作,提升社区凝聚力和归属感,推动社区形成共建共治共享的良好发展态势,促进社区经济与社会的协调发展。

在"文化、体育与艺术"领域,合作社是传承和弘扬优秀传统文化、丰富群众精神文化生活、推动文化产业发展的重要力量。一方面,合作社能够挖掘和整合地方特色文化资源,组织民间艺人、文化爱好者等群体,开展传统手工艺制作、民俗文化表演、地方戏曲传承等活动,保护和传承非遗,促进文化多样性发展。另一方面,通过创新文化产品和服务形式,合作社能够将传统文化与现代市场需求相结合,开发具有地方特色的文化创意产品,推动文化产业发展,带动相关就业。此外,合作社还可以围绕社区需求,组织体育健身活动和艺术培训课程等,提升居民身体素质和艺术素养,丰富群众精神文化生活,促进文化、体育与艺术事业在基层的繁荣发展。

综上所述,合作社作为一种集体社会创业形式,在乡村诸多领域取得了丰富的实践成果。上述实践表明,以合作社为代表的农村集体组织可以成为社会创业的有效载体,这为以集体社会创业驱动乡村可持续发展提供了新的思路和可行路径。

二、理论可能:集体社会创业的本土化创新路径

集体社会创业作为一种新兴的社会经济实践形式,其本质在于将集体行动逻辑在社会创新领域进行延伸与重构。这种创业形式,不仅需要破解传统集体行动中的"搭便车"困境,还必须在市场化、全球化以及技术革命所构建的复杂背景下创造社会价值。因此,其理论基础既要建立在对集体行动机制的深刻洞察之上,又要应对现有理论难以解释的空白领域。具体而言,集体行动理论主张通过集体合作实现资源的整合与优化配置,以此弥补个体行动的不足[1];而社会创业理论则侧重于通过创新的商业模式解决社会问题,以实现社会价值的最大化[52]。

当前，农村合作社正借助集体行动的逻辑并采用市场化手段来创造社会价值，其核心目标与集体社会创业高度一致，主要体现在以下三个方面。其一，二者均强调集体行动的重要性。合作社依靠成员的共同参与和合作，实现资源共享与优化配置，与集体社会创业通过集体行动整合资源的目标一致[170]。其二，二者都注重社会价值的实现。合作社在追求经济利益的同时，还关注社会目标，如改善成员的生活条件、促进社区发展等，这与集体社会创业以社会价值为导向的核心理念相契合。其三，二者都强调可持续性。合作社通过长期的组织运作和资源管理，实现经济、社会和环境的可持续发展，这与集体社会创业追求的可持续创新模式高度一致[174]。

农村经济合作社以集体合作为手段，致力于提升成员的经济与社会福祉，推动社区可持续发展；而集体社会创业则通过创新商业模式解决社会问题，实现社会价值的最大化。二者在理论与实践层面的深度契合，为中国特色的集体社会创业本土化路径提供了可能。首先，合作社在中国农村有着深厚的历史根基和文化传统。传统互助合作形式为现代合作社发展提供了丰富的经验与资源[171]。其次，合作社能有效整合农村集体资源，并通过集体行动实现资源优化配置与价值创造。例如，土地流转和股份合作制改革使分散的土地集中起来，实现规模化经营与产业化发展[170]。最后，合作社通过创新商业模式创造社会价值。例如，生态农业合作社推广有机种植技术，提升农产品附加值，改善乡村生态环境。

在乡村集体社会创业的多种形式中，旅游社会创业展现出了其独特性与广泛的适用性。乡村旅游以社区资源为根基，而社区的深度参与及收益共享机制对于构建可持续发展模式具有至关重要的作用。因此，以旅游为核心构建集体社会创业驱动的乡村发展路径，不仅具有重要的现实意义，还具有极高的理论可行性。

然而，目前尚缺乏针对中国情境下集体旅游社会创业概念内涵的深入剖析。既有的社会创业研究对乡村集体的关照不足，而现有的集体行动理论（如奥尔森的理性选择模型、奥斯特罗姆的自主治理理论）多基于西方个体主义的文化背景，难以充分解释中国语境下的集体行动逻辑。基于此，本书尝试在此基础上构建集体旅游社会创业的理论框架，探索中国本土化的以集体社会创业推动乡村振兴的实践路径。

第四章 理论框架与研究方法

在系统整合既有理论成果的基础上，本研究聚焦乡村旅游场域中具有中国本土特色的集体社会创业实践，构建"集体旅游社会创业"（collective tourism social entrepreneurship，CTSE）的整合性理论框架。该框架旨在突破传统社会创业理论的个体主义范式局限，通过集体性理论视角回应中国乡村旅游情境下的"集体"议题——集体动员、集体协同与集体效能。作为贯穿全书的核心理论工具，CTSE框架将为后续研究的理论建构与实践分析提供系统性指引。进一步地，本章明确了核心研究区域与研究方法。具体而言，研究选取四川省成都市的明月村与竹艺村作为典型案例，通过深度的田野调查与历时性追踪研究，系统梳理案例地集体社会创业与乡村旅游发展的互动过程，为后续研究提供坚实的数据资料与分析基础。

第一节 集体旅游社会创业：一个整合性分析框架

集体旅游社会创业这一概念涉及"集体"与"旅游"两个层面上的社会创业。在旅游层面，学界普遍认可Sheldon等对旅游社会创业概念的界定，即"一个通过调动目的地内部或外部所需的理念、能力、资源和社会协议，利用旅游为目的地当下的社会、环境和经济问题创造创新解决方案，以实现其可持续社会转型的过程"[98]。该概念强调了社会创业实践在旅游领域的独特性，即以创新性实践促进目的地的社会变革。

然而，该概念在阐释旅游产业属性以及社会创业在特定情境下的运行机制方面仍存在局限。本研究认为，旅游社会创业的概念内涵应拓展至三个关键维度：其一，作为创业主体的企业的核心创业能力；其二，旅游业嵌入的制度文化环境；其三，旅游目的地特有的社会问题系统。因此，旅游社会创业的概念体系涵盖了创业能力、旅游导向与社会价值三个维度。其中，创业能力，指创业主体应当具备的诸如创业机会识别、创新性、超前行动和风险承担等能力，以促使创业组织的产生与发展，是旅游社会创业的基本属性与动力要素；旅游导向，指创业组织如何依据目的地的社区特征、旅游资源禀赋、社会文化情境、政策制度环境等开展创业活动，是影响旅游社会创业成败的关键；社会价值，指社会创业需要致力于解决当地社区的经济与社会问题，如贫困减缓、生态保护等，是旅游社会创业的核心要素与必要条件。

在乡村情境下，旅游社会创业与乡村社会文化环境密切相关，其与"集体"层面的互嵌构成了理论拓展的重要维度。借鉴 Montgomery 等人提出的集体社会创业理念[170]，Jørgensen 等发展了集体旅游社会创业（collective tourism social entrepreneurship，CTSE）概念[22]。他们倡导在旅游活动中采用更集体的方法进行社会创业，并将 CTSE 定义为通过多个参与者的参与，利用旅游活动合作解决社会问题的过程。作为一种新型的乡村发展范式，CTSE 根植于社会创业理论与社区参与理论，强调通过集体行动整合资源、激活社区内生动力，以实现经济价值与社会价值的双重目标。这一概念的提出，源于对传统旅游开发模式下"资本主导"与"个体分散化经营"局限性的反思，重构了共创型乡村发展范式。

需要特别指出的是，不同于西方社会的"集体"，中国乡村语境下的"集体"具有鲜明的制度特性且面临独特的治理情境，即在集体所有制下政府、企业、社区等多主体介入所形成的独特互动结构。因此，中国乡村的集体旅游社会创业，不仅需要应对资源碎片化、利益主体多元化的挑战，还需要在乡村振兴战略、共同富裕目标等政策框架下，探索集体经济组织如何通过再组织化实现"赋权"与"赋能"的新型发展模式。

本研究尝试在中国乡村情境下对集体旅游社会创业的概念内涵进行解析，将其界定为：一种以集体组织形式存在的，通过集体行动调动目的地内部或外部资源，以旅游为驱动，运用创业能力，为目的地的经济和社会问题提供创新性解决方案，推动目的地实现可持续共享发展的过程。这一概念强调集体旅游社会创业的四个核心要素，即组织集体性、旅游驱动性、价值创造性和创业多维性。其概念内涵如图 4-1 所示，具体而言：

组织集体性——以集体产权为根基，构建多主体协作的集体行动网络，形成资源聚合与利益协调的组织基础。

旅游驱动性——以旅游资源开发为核心载体，通过产业要素重组实现传统业态创新，其开展深度嵌入于政策制度、社会文化环境、目的地社区及资源禀赋之中。

价值创造性——聚焦经济与社会双重价值，通过创新性资源转化机制解决社区贫困、生态、文化传承等发展命题。

创业多维性——强调创业主体在机会识别、创新意识、风险承担和行动能力等方面的综合作用，构成旅游创业活动的核心动能。

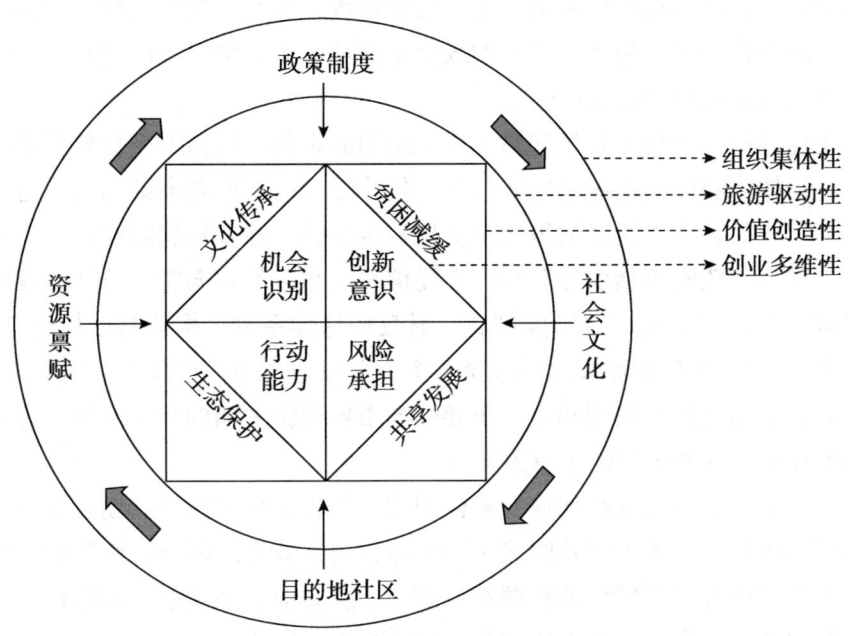

图 4-1 集体旅游社会创业的概念内涵

集体旅游社会创业旨在破解中国乡村的发展困境。一方面，其"社会性"要求其回应社区福祉、文化传承与生态保护等社会目标；另一方面，其"市场性"要求通过旅游产品创新与商业模式设计实现可持续运营。这种双重目标属性决定了集体旅游社会创业既要避免政府的过度干预，又要防止市场逐利性对社区公共利益的侵蚀，其核心在于破解集体行动困境，从而实现乡村社会、经济与生态的协调发展。

聚焦乡村旅游情境，集体行动的核心困境主要体现在三个方面：一是集体产权与个体理性的冲突，这种冲突源于个体利益与集体利益之间的潜在矛盾；二是多元主体介入下的协作困境，不同主体的利益诉求和行动逻辑可能导致合作效率低下甚至冲突；三是文化冲击下的集体意识消解，外部文化的引入可能削弱乡村社区原有的集体认同和凝聚力。因此，集体旅游社会创业需要通过集体动员调和集体与个体的冲突，通过集体协同破解多主体协作困境，并通过重塑集体意识来发挥集体效能。由此可见，集体性视角下的乡村旅游社会创业涉及集体动员、集体协同和集体效能三个关键维度。

基于此，本研究立足中国城乡社会现实，结合集体旅游社会创业的概念内涵，围绕"集体动员—集体协同—集体效能"构建理论分析框架，旨在深入剖析集体旅游社会创业的产生、发展过程，以及其对乡村旅游社区的影响。本研究特别关注制度情境下的政府主导性、乡村情境下的关系嵌入性以及旅游情境下的产业组织特征。

集体动员，即集体是如何被（再）组织起来的，特指在乡村旅游发展背景下，集体社会创业组织的形成过程。集体动员的实质是突破传统乡村社会资本离散化的状态，通过组织创新实现资源整合。在乡村旅游语境下，这种动员呈现出"政府规制引导"与"市场信号激活"的双向驱动特征。政府通过政策工具，如土地流转制度创新、财政扶持体系等，构建制度机会结构；市场则基于旅游消费需求，如体验经济、文旅融合等，形成市场机会窗口。这种双向驱动机制有效调和了行政导向与市场逻辑之间的潜在矛盾，为集体社会创业组织的产生提供了有力支持。

集体协同，即集体是如何发挥作用的，特指乡村旅游社会创业实践过程及其作用机制。集体协同效能取决于集体社会创业组织的合法性获取，以及基于内外部社会关系网络的资源动员能力。从企业层面考察，集体社会创业组织既要建立符合市场规则的现代治理结构以获取规制合法性，又要遵循乡土文化，使村民看到切实的利益，进而获取规范合法性和认知合法性；从社区层面审视，社会创业实践需要激活社区内外部关系网络，提升社会资本。企业与社区之间的跨层次互动，为集体社会创业组织的发展以及社区社会资本的提升建立了良性循环机制。

集体效能，反映了集体社会创业所产生的结果，突出表现为其对可持续发展目标的积极推动作用。在经济层面，社会创业以培育内生发展能力为核心，促进居民人力资本积累并增强其经济自主性，同时创造包容性就业机会以提升经济参与的平等性与可持续性。在社会层面，通过保障弱势群体发展权益、重构社会信任网络与协作关系，增强社区凝聚力。社会创业的双重目标与可持续发展目标高度相关，并通过微观层面的主体赋能，提升集体效能，实现多重社会创业的目标。

由此，本研究提出集体旅游社会创业的理论分析框架，如图4-2所示。该框架构建了"宏观—中观—微观"跨层次的分析尺度，系统阐释了在乡村旅游发展情境下集体动员、集体协同和集体效能的演进过程与作用机制。在宏观层面，解析政府与市场双重机会结构如何催生集体社会创业组织，进而实现有效的集体动员；在中观层面，剖析集体社会创业组织如何协同各方主体开展创业实践，揭示企业合法性获取与社区社会资本积累的交互作用；在微观层面，结合集体旅游社会创业的经济价值和社会价值，阐明其对社区可持续发展和创业主体能力提升的多重创业结果。这一跨层次分析框架完整呈现了集体旅游社会创业从机会识别到价值创造的内在转化逻辑，为深入理解集体旅游社会创业的复杂过程提供了系统的理论支撑。

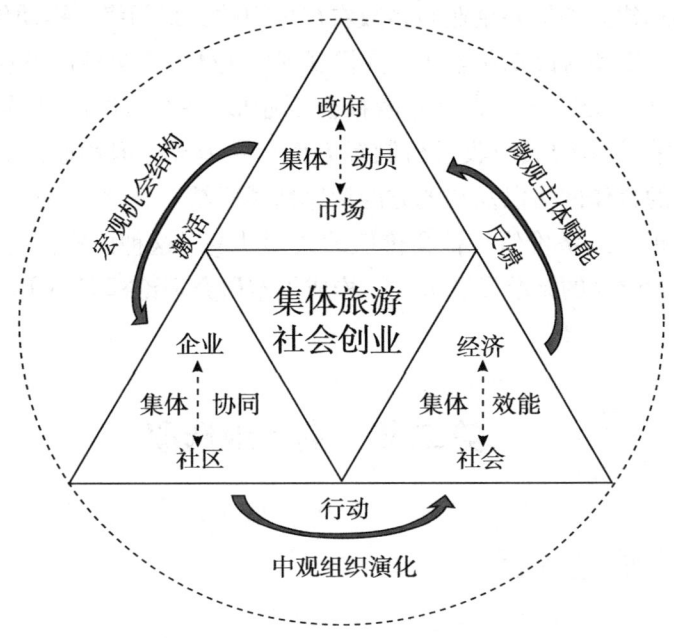

图 4-2 集体旅游社会创业的理论分析框架

需要明确的是，集体旅游社会创业（collective tourism social entrepreneurship）与集体化乡村旅游发展模式（collectivized rural tourism development model）具有本质上的区别[175]。二者的核心差异体现在"集体"概念的内涵外延以及组织运作机制两个关键维度上：前者突破行政边界约束，将"集体"界定为能够有效调动社会资源、凝聚集体行动力的多元主体网络；而后者则局限于以行政村为单位的传统集体经济组织。

集体旅游社会创业这一概念的创新，源自实践中涌现的多种组织模式，既包括村集体主导型，也涵盖跨域联动型等其他集体形式。村集体主导型的集体旅游社会创业模式，以成都市蒲江县明月乡村旅游专业合作社为代表。该合作社的股本金由三个1/3组成，分别来自村民、村集体和政府的财政产业扶持资金（不参与分红）。在此模式下，村集体股份收益由全体村民共享，体现了村集体经济组织在其中的主要作用；加入合作社的成员还可以获得额外分红，形成"保底收益＋二次分配"的共享机制。跨域联动型集体旅游社会创业模式以崇州市道明巧妹子竹编专业合作社为代表。该合作社由本地非遗传承人发起成立，通过保障成员享有订单优先权等措施激励、吸引散户入股。尽管该合作社与竹艺村的村级行政组织无直接的隶属关系，但合作社以集体形式建立的核心企业与多数农户之间的关系网络，推动传统手工艺市场化发展并带动村民就业创业，同样展现出集体社会创业的特性。

上述案例充分印证了集体旅游社会创业形态的多样性。尽管不同的集体组织形式在主体构成与收益机制等方面存在差异，但均通过有效的制度设计、紧密的合作网络以及与地方的深厚情感联结，破解了乡村集体行动困境，进而实现了经济价值与社会价值的共创共享。这种以集体行动为基础、以社会创新为驱动的旅游发展范式，构成了本研究理论框架的实践基础。

第二节　案例地选取

一、方法论依据

本研究选取了开展集体旅游社会创业的乡村旅游社区进行案例研究，以四川省成都市蒲江县明月村和崇州市竹艺村为研究对象，采用双案例研究法进行比较分析。案例选取遵循以下方法论依据。

其一，基于理论抽样原则进行双案例对比分析。本研究以乡村旅游社区为社会创业的典型样本，采用归纳式双案例研究方法，系统对比两个案例地在社会创业实践中的共性与差异特征，从而突破单一案例的局限，构建更具有解释力的理论框架。该方法契合探索"集体旅游社会创业与乡村可持续发展"这一新兴研究议题的理论建构需求。

其二，构建差异化情境下的对比分析框架。不同基础条件下的乡村旅游社区会涌现出差异化的社会创业实践，其资源禀赋、主体构成及治理结构形成了对比参照系。剖析不同案例地社会创业的实践表征、作用机理与实施效果，既能够揭示乡村旅游社会创业的差异化路径，又可以通过多案例验证提升研究结论的外部效度。

其三，聚焦演化过程的动态分析视角。案例研究方法能够有效捕捉集体旅游社会创业的动态过程，深入诠释多主体互动机制及其对社区可持续发展的影响路径。双案例组合不仅可以通过现象互证强化对过程机理的阐释效度，还能基于路径差异拓展理论边界，为构建中国语境下的乡村旅游社会创业理论提供坚实的实证支撑。

基于此，本研究遵循案例研究方法中的理论抽样原则，选取了兼具典型性、可对比性与可进入性的两个乡村旅游社区——成都市周边的明月村与竹艺村作为研究对象。两个案例地均由集体性社会企业组织开展了社会创业实践，但在发展路径上存在一定差异，这为深入的理论对话提供了理想样本。

1. 案例的典型性

案例地的典型性体现在三个层面。其一，区位条件与资源禀赋的趋同性。明月村与竹艺村均位于成都"一小时经济圈"内，作为城市近郊乡村，二者共享城市消费市场外溢的红利，并且均依托特色文化基底发展乡村旅游，具有相似的资源禀赋优势。其二，具有社会企业组织基础。两村均创立了集体社会创业组织，分别为明月乡村旅游专业合作社和道明巧妹子竹编专业合作社，二者均被四川省政府认证为社会企业[①]。其三，乡村发展过程中政府与村集体的作用显著。在乡村发展过程中，地方政府通过资金投入、空间规划与招商统筹，构建了"政府统筹+集体组织"的乡村振兴模式，凸显了中国乡村发展的独特制度情境，为本土化理论的构建提供了有力支持。

2. 案例的可对比性

案例地的可对比性同样体现在三个层面。首先，社会企业所在的行业领域不同。明月村依托乡村旅游专业合作社开展农文旅融合实践，主要聚焦农牧渔与乡村发展，以就业技能提升与生计改善为重心；而竹艺村的道明巧妹子竹编专业合作社则聚焦文化、体育与艺术领域，以竹编合作的形式推动非遗产业化，侧重于非遗工艺的传承与创新。其次，社区旅游发展模式不同。

---

① 数据来源：社会企业行业评价服务平台（https://www.csedaily.com）。

明月村以明月乡村旅游专业合作社为核心主体，主导社区旅游发展；而竹艺村则以国有企业崇州文旅集团作为社区旅游发展主体，与政府共同引导乡村旅游规划，合作社仅适度参与社区旅游发展。最后，地方政府介入程度不同。尽管地方政府为两个村的旅游发展和合作社发展都提供了必要的资源支持，但明月乡村旅游专业合作社呈现出政府深度介入的强干预特征，而竹艺村的道明巧妹子竹编专业合作社则采取政策引导的间接介入方式，形成了干预强度的二元对照。

3. 案例的可进入性

案例的可进入性主要体现在以下两个方面：一是客观条件层面，明月村和竹艺村均为成都市乡村旅游示范点，基础设施完善，且新老村民社群活跃，容易获取返乡创业者、本地创业者、驻村艺术家等优质访谈的数据资料；二是研究基础层面，笔者的研究团队通过长期的田野调查，与两个社区建立了紧密的社会关系网络，能够有效接触政府负责人、社区精英、合作社管理者等关键信息源，获取相关的数据资料，同时也为开展参与式观察、深度访谈与问卷调查提供了可行性支撑。

二、案例地概况

本研究选取的两个案例地——明月村和竹艺村，均位于四川省成都市。

1. 明月村概况

明月村位于四川省成都市蒲江县甘溪镇。2021年，全村户籍人口4086人，年人均收入28,254元以上，高于全国农村平均水平。2021年，明月村共接待游客26万人次，乡村休闲旅游收入达到3600万元①，村合作社自营产品收入与旅游项目收入约200万元，村民自主经营旅游餐饮、民宿以及旅游产品销售等收入约3000万元。截至2024年，明月村人均收入成功突破3.4万元②，跻身"世界最佳旅游乡村"候选名单。然而，明月村曾经是一个市级贫困村，村民们以务农和进城务工为生。明月村的旅游发展历程如图4-3所示。

---

① 数据来源于蒲江县政府内部数据。
② 参见胡韬《推进乡村全面振兴蒲江村村行丨甘溪镇明月村：一个村庄的"诗与远方"变现之路》，见中国网（http://jilu.china.com.cn/2025-04/16/content_43085003.htm）。

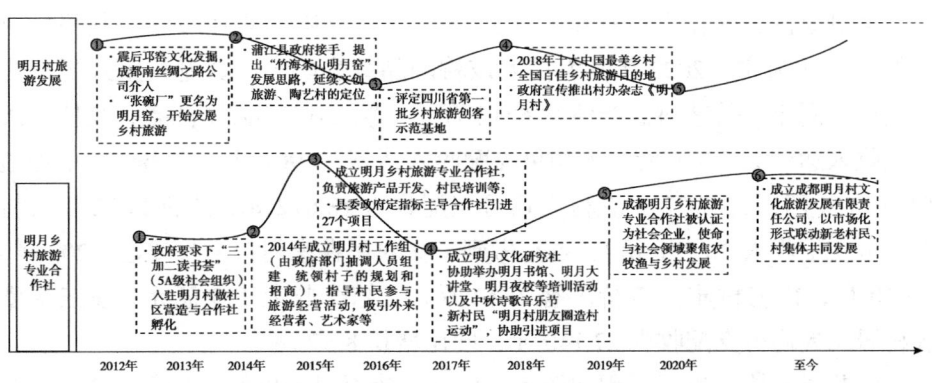

图 4-3 明月村的旅游发展历程

2011年，该村开始发展旅游业，在蒲江县政府推出一系列发展乡村旅游的政策后，通过"文创+农创+田园+旅游"的方式形成了旅游创业集群，是基于乡村资源创造性利用实现乡村振兴的典型案例。2012年，民间陶艺师李敏发现明月村的古窑——明月窑，并提出以打造"陶瓷文化国际旅游目的地"为目标的发展思路。2014年，蒲江县政府组建明月村工作组，并引入新村民，形成文创项目聚落。2015年3月，明月乡村旅游专业合作社（简称"旅游合作社"）正式成立，定位为引导本地村民参与项目、规范发展、服务新老村民及游客。旅游合作社通过推出导游讲解、农事体验、陶艺体验等项目，丰富游客游玩内容，同时挖掘本地特色手工产品和土特产，开发了明月酿、明月手工茶、明月手工豆腐乳等旅游产品。此外，旅游合作社还联合新村民艺术家免费对本地村民进行手工技艺培训，提供创业就业机会。

2019年，明月村的旅游合作社因其经济和社会价值被四川省认证为社会企业。同年，明月村入选联合国第二届国际可持续发展试点社区，进一步推动了明月村的可持续发展。截至2023年，明月村接待游客超30万人次，文旅收入合计超1亿元。目前，明月村新村民共100余人，其中1/3为常驻，1/3为"候鸟"，1/3为讲堂导师。参与旅游经营的有70余户，建成运营的企业有54个，包括20余个本村企业和30余个外来旅游经营企业，涵盖乡村度假酒店、田园综合体、研学教育以及木艺文创产业等。

2. 竹艺村概况

竹艺村位于四川省成都市崇州市道明镇，因拥有2000多年历史的国家级非遗"道明竹编"而闻名。竹艺村前身为龙黄村的三个村民小组自然形成的林盘聚落，常住人口有 681 户 2354 人，其中新村民为 27 人，村民主要以竹编产业为主。2022 年，为扩大该村的品牌影响力，黄龙村正式更名为竹艺村。同年，竹艺村总产值达 6214 万元，较 2017 年翻了两番；集体经济组织收入达到 273.9 万元，人均可支配收入达到 33,961 元，高出全省平均值 1.5 万元（四川省 2022 年农村人均可支配收入 18,672 元，成都 2022 年农村人均可支配收入 30,931 元），真正做到了让农民在家门口增收致富。2024 年 1—10 月，竹艺村旅游接待游客 1812 万人，综合收入 119 亿元，前三季度农村居民人均可支配收入 27,140 元，同比增长 8.8%。①

竹艺村的旅游发展历程如图 4-4 所示。该村过去以竹编为主导产业，但由于产业单一且市场效益有限，加上其他产业资源不足，难以支撑乡村的可持续发展。

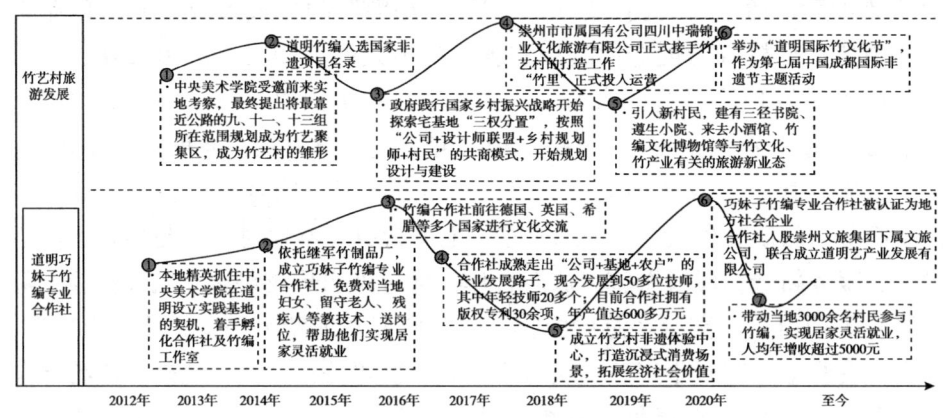

图 4-4　竹艺村的旅游发展历程

2013 年，中央美术学院（简称"中央美院"）受邀前来实地考察，在道明镇政府的指导下，提出以竹编聚集和竹编产业化的方式进行文旅宣传。2014 年，道明竹编成功入选第四批国家级非遗代表性项目名录；同年，道明巧妹子竹编专业合作社（简称"竹编合作社"）成立，整合区域内 300 余名合作社社员进行组织化生产，辐射超过千人，并帮扶弱势群体实现灵活就业。2016 年，竹艺村按照"公司＋设计师联盟＋乡村规划师＋村民"的发展模式进行社区产业建设，并将整村的规划经营移交给崇州文旅集团。2018 年，凭借"竹里"品牌效应引发国内外关注，大量新村民被引入开展新业态

---

① 数据来源于竹艺村村委会。

建设，如见外美术馆、三径书院、遵生小院、来去小酒馆、竹编文化博物馆等竹相关创新产业。这些新村民的加入为竹艺村注入了新的活力，推动了竹编产业的升级。

2020年，竹编合作社因在经济与社会价值方面的突出贡献被四川省认证为社会企业，持续为竹艺村释放发展动力。竹编合作社通过组织生产和培训等方式，将竹编技艺传授给更多村民，并常态化开展辐射成都周边的"非遗进社区""非遗进校园"等特色活动，推动竹编文化在传承与创新中深耕细作。目前，竹艺村的竹编合作社在"丁知竹竹编""杨隆梅工作室"等竹编大户的引领下，不断创新发展，通过与高校、科研机构合作，研发新型竹编产品，提升竹编产品的附加值，进一步推动了竹艺村的经济发展和社会进步。

明月村和竹艺村在乡村振兴的道路上，都通过发展特色产业和乡村旅游实现了经济的快速增长和社会的全面发展，其中，以合作社形式为主的社会企业发挥了关键作用。两个村庄的合作社虽立足于不同特色产业，但都在推动乡村旅游发展、促进村民就业增收、传承与创新乡村文化等方面取得了显著成效。二者在运作模式、发展侧重点上既有相同之处，也存在差异，共同为乡村集体社会创业提供了可借鉴的发展样本。两村的核心维度对比见表4-1。

表4-1 明月村与竹艺村的核心维度对比

对比维度	明月村	竹艺村
地理位置	四川省成都市蒲江县甘溪镇	四川省成都市崇州市道明镇
核心产业	乡村旅游、陶瓷文化	乡村旅游、竹编产业
特色文化	陶瓷文化、古窑址	道明竹编（国家级非遗）
合作社情况	明月乡村旅游专业合作社，2015年成立，2019年被认证为社会企业	道明巧妹子竹编专业合作社，2014年成立，2020年被认证为社会企业
合作社领域	农牧渔与乡村发展	文化、体育与艺术
合作社功能	a.搭建村民免费培训平台，规范村民经营业态；b.为本地村民提供就业机会，实行旅游收益分红	a.雇佣残障群体、留守妇女与乡村老人，通过技能培训传承竹编工艺；b.采取"公司+基地+农户"的路径，推行组织化生产

第三节 研究方法

一、数据收集方法

自 2018 年起，笔者及所在的研究团队对两个案例地展开了持续性的田野调查工作。在 2018 年、2022 年、2023 年、2024 年及 2025 年，研究团队多次前往明月村与竹艺村进行实地调研，累计调研 80 余天。在数据收集过程中，综合运用了访谈法、观察法、二手资料收集以及问卷调查等方法，以获取丰富的实证研究数据。

深度访谈法是本研究采用的核心研究方法，在实施过程中采取半结构化访谈和非结构化访谈相结合的策略。半结构化访谈是基于文献以及对案例地的了解先提前设计好访谈提纲，再根据提纲对受访者进行提问，并根据受访者的回答做进一步追问，实现话题延展；而非结构化访谈则主要聚焦创业者、主理人以及企业管理者等关键人物，以他们的创业历程和生命故事为线索展开访谈，访谈者再围绕研究主题进行针对性追问与深入挖掘。

本研究聚焦的集体旅游社会创业涉及多方利益相关主体，具体包括以下三方。

（1）核心行动主体：以社会企业为载体的组织成员，涵盖合作社成员、管理者及专职工作人员等。

（2）社区内部主体：涉及老村民（持有本村农业户籍的人口）、新村民（长期在本村生活的外来创业者、从业者、文艺工作者等）以及村"两委"成员。

（3）社区外部主体：涵盖各级政府部门、与社区或社会企业有直接联系的社会组织、合作机构、高校等机构。

在实地调研过程中，针对不同主体的身份属性及其在乡村旅游发展与集体社会创业中的作用，制定差异化访谈提纲，以获取相应的数据资料。具体而言，通过对专业合作社、社会创业主体以及政府部门负责人等不同对象的深度访谈，系统梳理两个案例地的发展历程与现状、乡村创业主体与实践以及多元主体的角色与作用等；通过走访各级政府部门、村民委员会、地方企业等，了解两个案例地的产业发展和社区公共治理情况，并结合对村民、创业者的访谈对数据资料进行三角验证；通过对合作社成员、管理者以及新老村民的访谈，了解社区集体社会创业实践，以及在实践过程中出现的问题、挑战及其解决方法。

最终，明月村的访谈有效样本为54人，其中新村民较多，占比接近50%，创业者共29人（创业者不包括政府官员、本地就业村民以及游客等）。所有受访者在研究中均被编码，序号分别为：明月村老村民（MY-R01—MY-R20）、明月村新村民（MY-N01—MY-N25）、明月村政府及相关工作人员（MY-G01—MY-G05）以及游客（MY-T01—MY-T04）。竹艺村的访谈有效样本为41人，其中老村民占比较多，超过50%，创业者共23人。受访者亦被编码，序号分别为：竹艺村老村民（ZY-R01—ZY-R21）、竹艺村新村民（ZY-N01—ZY-N12）、竹艺村政府及相关工作人员（ZY-G01—ZY-G06）以及游客（ZY-T01—ZY-T02）。访谈中获取了受访者的性别、年龄、职业等基本信息。由于受访者人数较多，其具体信息未在本书中一一列出，仅汇总为描述性统计信息，见表4-2。

表4-2 受访者信息汇总

		明月村数量（占比）	竹艺村数量（占比）
性别：	男	24（44.4%）	15（36.6%）
	女	30（55.6%）	26（63.4%）
年龄：	30岁及以下	3（5.6%）	2（4.9%）
	31～45岁	34（62.9%）	27（65.8%）
	45～60岁	16（29.6%）	10（24.4%）
	60岁以上	1（1.9%）	2（4.9%）
身份：	老村民	20（37.0%）	21（51.2%）
	新村民	25（46.3%）	12（29.3%）
	政府及相关工作人员	5（9.3%）	6（14.6%）
	游客	4（7.4%）	2（4.9%）
类别：	创业者	29（53.7%）	23（56.1%）
	非创业者	25（46.3%）	18（43.9%）
样本总计		54（100%）	41（100%）

研究数据收集过程严格遵循三角验证原则，除访谈法外，综合运用直接观察法与参与式观察法，对访谈材料进行补充。研究团队深度介入两个乡村社区的社会空间之中：一方面，通过定点观测与长期追踪，直接观察并系统记录新村民以及其他外部组织进入后乡村的变化，包括居住环境、文化景观、社会活动等方面；另一方面，以参与式观察的方式积极融入当地活动，例如加入"无名简居"可持续发展社群的生态农耕实践，通过互动深入了解当地社区居民的日常生活。此外，研究团队还通过添加多名受访者为微信好友，借助私人社交平台了解受访者的创业活动和日常生活，并通过定期回访实现对案例地的持续动态追踪。

同时，本研究整合了丰富的二手资料，包括文献资料、公司官网、政府网站以及社交媒体网站等。这些二手资料涵盖两个案例地的官方微信公众号与相关应用程序、乡村内部创业企业（如民宿、农家乐、文化体验、自然教育等）的官网介绍、政府网站关于乡村产业发展的政策环境报道，以及社交媒体上对该地乡村旅游的评价等内容。这些二手数据具有非干涉性，能够与一手资料相结合，实现三角验证，从而提升数据来源的可靠性和研究结论的有效性。

实地调研发现，政府在推动乡村集体社会创业中发挥显著作用。为系统解析政府职能维度及其利益相关群体的认知差异，本研究引入由心理学家威廉·斯蒂芬森（William Stephenson）于1978年提出的Q方法论展开深入探究，并通过Q问卷获取实证数据。在招募P集开展Q问卷排序时，研究采用目的抽样方法，重点选取直接或间接参与集体旅游社会创业的人员，同时兼顾群体多样性，涵盖本地合作社领导与工作人员、村民、外部创业者或从业者以及村委会成员共32名参与者构成P集。其中，明月村有18名参与者，编号为P-MY-01—P-MY-18；竹艺村有14名参与者，编号为P-ZY-01—P-ZY-14。

在数据收集阶段，研究团队向参与者全面阐述了隐私协议，明确承诺其个人信息将受到严格保护，确保不会被泄露或用于研究之外的其他目的。此外，为增强观点的真实性，研究通过卡片摆放、匿名化处理等方式消除了所有可识别的痕迹，从而最大限度地减少了潜在的偏见和干扰因素，保障了研究数据的客观性和可靠性。在进行Q排序之前，参与者首先仔细审阅Q集中的所有陈述，研究团队也会向参与人解释陈述语句的含义，以便其更好地理解。随后，参与者根据Q问卷对每个陈述进行排序，其中"5"表示强烈同意，"-5"表示强烈不同意，"0"表示中立，如图4-5所示。在完成Q排序后，研究团队对参与者进行了访谈，重点讨论了分配特定分数的原因（即为什么将此陈述评分为x分）、对政府支持地方发展的看法以及个人的基本信息。

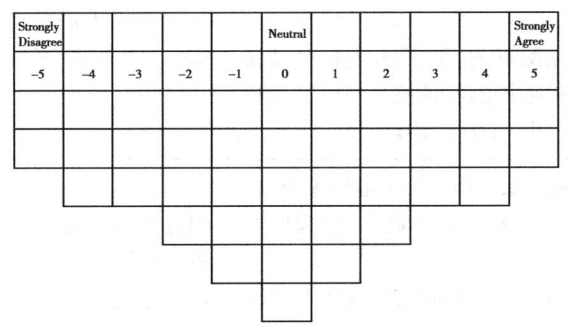

图4-5 Q问卷示例

二、数据分析方法

1. 定性数据分析

本研究主要基于建构主义范式对访谈获取的定性数据进行分析。该范式在主体论层面强调对现实的多重感知，并主张其与个体的过去经验和社会结构相关[176]。在认识论层面，则遵循知识共创理念，认为研究者与参与者共同互动、共同实现知识创造[177]。在操作层面，对所有访谈录音逐字转录后，采用主题分析法[178]进行数据编码。具体而言，研究团队成员独立阅读访谈记录，识别出与集体旅游社会创业相关的不同主题，如旅游创业实践、创业者的社会价值导向、社会创业结果等，并以此为基础进行数据的逐级编码。表4-3展示了部分数据编码过程的示例。

进一步地，基于对两个案例地的历时性追踪，根据核心研究问题整合数据间的逻辑链条，以"集体旅游社会创业的产生、发展与影响"为核心故事线，建立现有理论基础、编码结果以及数据资料之间的理论关联。最后，研究团队对全部访谈资料进行反复比对，发现再无新的编码或主题出现，现有数据结构已经达到了饱和。同时，通过数据、关系以及框架间的相互佐证和反复迭代，验证预计的理论框架与实证数据研究结论的内在逻辑是否一致，从而提高案例研究的内外部效度。

乡村旅游发展与集体社会创业

表 4–3 数据编码示例

原始数据示例	初级编码	类别
我们环境的改变是最大的,他们(新村民)很多都是设计师,帮我们改建房屋,现在越来越有"国际陶艺村"的样子了。(MY-R03) 现在很多村民不用除草剂,我们带着村民做营养土,还有一些猕猴桃的新种植……村民的整个生态意识大大提升。(MY-N04)	改善乡村人居环境;修复乡村生态空间	再野化生态营造
观光车还有旅游讲解服务都是给本地村民做的,而且会长期雇佣……这些机会都优先给我们本地村民。(MY-N03) 我们雇佣了一些残疾人,她们虽然身体上有缺陷,但手艺很好。(ZY-R07)	创造公平的就业创业机会;保障平等的就业创业权利	体面工作与机会公平
我们的合作社是一个让村民共享和合作的平台。我们建立了微信群,如果有游客来,我们会安排民宿接待他们。我们还鼓励村民之间合作,如共同参与旅游接待。(MY-N03) 我们经常会搞一些文化交流活动,在乡村创业本质上还是生活,我也很喜欢跟本地人交流以及这里的氛围。(ZY-N08)	信息交换与资源共享;文化更新与社会融合	包容共享型社区

2. Q 因子分析

针对 Q 问卷收集的数据,研究团队运用 PQMethod 2.35 软件进行分析。团队首先导入明月村与竹艺村共 32 份有效 Q 排序数据,并对数据的完整性进行核查,剔除异常数据,以确保分析的准确性。随后运用主成分分析法对数据进行因子提取,以特征值大于 1 为标准初步得到 8 个潜在因子,结合方差解释率等综合考量,最终确定保留 4 个主因子,其累计方差解释率达51%,可较好地概括数据的主要特征。为清晰呈现因子结构,软件采用方差最大旋转对因子载荷矩阵进行正交旋转,通过迭代调整因子轴方向,使每个因子与少数变量形成高载荷关联,其他变量载荷趋近于零。旋转后,软件依据载荷值分析各因子特征变量,筛选出载荷绝对值仅在一个类别上大于 0.4的变量构成因子特征集,进而提炼出 4 个因子核心主题。这 4 个因子核心主题清晰地呈现了不同参与者对于政府角色的不同观点。

综上所述,在研究方法上,本研究通过对典型案例地的长期跟踪调研,采用深度访谈、参与式观察等多种数据收集方法,系统梳理了乡村旅游发展与集体社会创业实践的全过程。在此基础上,综合运用主题分析、Q方法等多种数据分析手段,深入剖析集体社会创业组织的产生、实践表现与多重效应,从而得出更为丰富且稳健的研究结论。

第五章　集体动员：双重机会结构下的社会创业组织

在传统农村集体组织框架下，户籍与土地构成了形式上的联结纽带。然而，这种联结更多地基于地域和身份的归属，而非经济利益的紧密关联，导致农村集体作为经济组织的功能被显著弱化。特别是在那些仍以"小农经济"为主导的乡村，集体组织的形式化现象尤为突出。这些乡村的集体经济薄弱，资源整合能力匮乏，集体行动多停留在对行政指令的被动执行层面，而非基于内生发展需求的主动协作。一些乡村甚至陷入一种"无组织"的集体状态：集体虽名义上存在，却难以实现有效的集体动员，这已成为推进集体旅游社会创业的核心痛点。

本章聚焦集体动员问题，旨在探讨乡村旅游发展背景下，集体社会创业组织如何产生。具体而言，本章将剖析集体社会创业组织所面临的新创困境，包括新创劣势与合作困境，并结合实地调研数据，探讨地方政府在破除合作困境、推动集体社会创业中的作用；进一步地，结合宏观层面的双重机会结构，解析集体旅游社会创业的形成机制。

第一节　集体社会创业组织的新创困境

一、作为社会创业组织的新创劣势

在产业薄弱的传统乡村，稀缺的市场机会与有限的资源禀赋，使得社会创业组织在初创阶段的劣势愈发显著。这类乡村普遍呈现出"薄市场"[179]特征：人口密度低导致需求离散化，推升交易成本；而地理区位的边缘性放大了物理与技术壁垒。远离城市中心的村庄往往面临物流网络断裂、数字基础设施滞后等问题,致使企业难以接入现代供应链体系[180],并直接削弱了规模经济的可能性。这种低效的资源配置不仅难以催生产业集群,还会导致资源浪费。主流商业资本也因此对农村市场望而却步[181]——高风险与长回报周期等特点制约了创业组织的发展。

明月村在早期发展过程中即遭遇了传统资源难以盘活以及创业组织难以萌发的严峻挑战。该村曾试图凭借雷竹种植与陶艺文化两大特色产业,推动乡村旅游与文创产业的崛起,但因市场基础薄弱,产业内外衔接不畅,发展陷入僵局。以陶艺产业为例,明月村将曾经的"张碗厂"更名为"明月窑",试图借此打造国际陶艺村的名片。然而,本地村民已不再从事陶艺产业,人才匮乏、专业烧制设备缺失以及缺乏稳定销售渠道等问题,严重制约了陶艺产业发展。尽管政府在土地流转与人才引进方面给予了政策支持,但内部资源的整合仍面临诸多障碍。土地产权不明晰,导致资源难以实现规模化、集约化利用;而外部资本则因担忧乡村社会关系复杂、投资风险过高,对进入该村持谨慎态度。在此背景下,村集体组织虽然具备一定的集体动员能力,但因专业人才的严重匮乏和决策机制的松散低效,难以在产业发展中发挥实质性作用,更难以推动社会创业组织的产生。

由此可见,乡村社会创业组织的新创困境主要来自三个方面。

一是城乡二元体制下乡村创新主体性的缺失。城乡二元体制下,城市长期处于价值创造的主导地位,而乡村则主要通过发展农业为自身提供动力[182-183],这种单向度的角色设定导致乡村的生产要素(如资本、技术、人才等)持续外流,并形成"薄市场"与"散资源"的恶性循环。当乡村发展试图以新产业或者新文化切入市场时,其面临的产业链断裂本质上也是城乡分工失衡的产物——城市工业体系垄断了高附加值环节,乡村只能承接低附加值环节,而政策设计的城市中心主义①倾向则进一步固化了这种依附关系[184]。

二是乡村的制度与文化环境为新创企业嵌入带来了诸多阻碍。宅基地与集体建设用地的产权属性,限制了乡村土地资源的资本化[185];而村民对集体资产"人人有份、人人无权"的认知,进一步增加了资源整合的交易成

---

① 突出表现为国家以城市为中心的制度安排与资源分配、社会以城市为主体的日常运转、个体形塑了一种以城市化为导向的思维方式和行为模式。

本。此外,乡村社会的熟人关系网络构成了另一种隐性壁垒[186]。外来创业者不仅要面对错综复杂的宗族关系与地方性知识壁垒,还可能遭遇村民直接或间接的抵抗,加剧了新创企业的行动困境。

三是乡村社会创业组织在追求社会价值与经济价值时,常面临难以调和的矛盾。一方面,社会价值难以用货币衡量,而主要依赖社会舆论和公众满意度等主观指标,其效益在市场机制下难以充分体现。比如,乡村文化保护项目虽提升了文化软实力和社会凝聚力,但难以转化为经济收益,导致项目缺资金、缺动力。同时,社会价值的实现需要长期投入和持续维护,成本与收益的时间错配,进一步增加了经济价值实现的难度。另一方面,过度追求经济价值可能导致社会价值的扭曲和异化。一些乡村创业项目为了短期利益,过度开发资源,采用粗放的生产方式,破坏生态环境,忽视文化保护。这种牺牲社会价值的做法,不仅违背创业初衷,还可能引发生态和文化危机,影响乡村的可持续发展。

二、作为集体创业组织的合作困境

乡村社会创业组织不仅需要应对一般社会企业的新创劣势,还因其集体行动属性而面临独特的合作困境。多主体参与(包括村民、企业、政府、社会组织等)形成了复杂的博弈场域,各利益相关者在协同过程中多以个体理性为主导,导致交易成本攀升,难以形成有效的合作。这种集体理性与个体理性之间的潜在冲突,深刻影响着社会创业项目的推进与成效。具体而言,集体利益作为乡村社会创业的公共目标,旨在整合和优化乡村公共资源,实现乡村整体的经济繁荣、社会稳定与生态可持续发展[187-188]。相反,个人往往追求自身利益的最大化,包括经济收益、个人声誉、社会地位等多维度诉求[189-190]。不同主体利益诉求的差异,引发了乡村集体社会创业的协作困境。

以道明镇竹艺村为例,作为国家级非遗道明竹编的发源地,该村尝试以"非遗+文旅"模式推动乡村振兴。但在项目推进过程中,多主体参与的复杂性逐渐显现。一方面,村民对外来主导的创业项目持怀疑态度,担心传统工艺传承方式被改变和利益分配不均。另一方面,企业、政府和村民的利益分歧加剧了合作困境。企业追求竹编文化创意产品的商业价值最大化,政府希望推动乡村振兴和地方经济发展,而村民更关注土地租金、就业和分红等自身利益。这种分歧导致项目推进中矛盾频发，例如在利益分配上，村民质疑分配机制，认为企业可能占据更多利益，而自己只能获得微薄的回报。

产生上述合作困境的根源在于特定文化情境下集体动员及协作机制的缺失。乡村社会长期依赖非正式规范（如人情、口碑等）来维系合作，与现代企业制度要求的契约精神、专业分工存在冲突。例如，当企业依据某些标准筛选合作对象时，村民可能认为"关系"在其中发挥了重要作用，进而引致不同利益群体之间的信任危机。同时，多元主体间权力的不对称也加剧了合作风险[191]。企业在资金和技术上占据优势，而村民则因信息和资源劣势处于弱势。此外，乡村集体组织的行政化属性削弱了其协调功能，村委会在调解纠纷时缺乏专业能力和突破乡土政治逻辑的勇气，最终导致多方利益难以协调。

在此情境下，集体创业组织亦面临着集体利益与个人利益的冲突。一方面，乡村集体创业项目通常需要较长时间才能见效，其效益主要体现在乡村的长期发展和社会进步上。当项目短期内无法带来显著经济效益时，个人可能失去参与动力，甚至出现"搭便车"行为，即享受集体创业带来的公共产品和服务，却不承担责任与成本。另一方面，集体利益在分配时也容易引发矛盾。由于个人贡献难以精确衡量，集体创业成果分配往往难以做到绝对公平。这可能导致部分参与者认为自己的付出与回报不成正比，从而削弱他们对集体创业的认同感和积极性，甚至引发集体内部的分裂和冲突。

综上所述，从集体性维度剖析，集体社会创业旨在推动乡村整体的经济繁荣、维护社会稳定以及实现生态可持续发展。上述目标具有显著的公共性，需要政府、企业、村民等多方主体共同参与、协同合作。从社会性维度审视，区别于传统商业企业，社会企业以解决社会问题、创造社会价值为核心使命。这种价值取向要求其在运营中更关注社会效益，并在必要时让渡一定的经济价值以平衡多重目标。因此，集体社会创业组织面临经济目标与社会价值、集体利益与个体诉求的双重平衡困境，这加剧了集体社会创业组织产生的难度。由此，如何构建有效的集体动员机制，成为集体社会创业需要解决的首要问题。

第二节　政府在促进集体旅游社会创业中的作用

从新创企业的资源约束,到多方合作中因目标分歧、利益冲突而陷入合作困境,深刻折射出集体旅游社会创业中"集体性"与"社会性"的复杂交织。因此,在乡村旅游情境下集体旅游社会创业需有效调和个体与集体利益,并兼顾社会和经济目标。在中国,乡村振兴战略的推进使地方政府成为乡村发展的关键推动力量,其通过间接或直接方式介入农村集体组织,成为以合作社为载体的集体社会创业组织中的隐性参与者。基于此,有必要深入探讨政府在推动集体旅游社会创业中的作用,从中国本土化视角出发构建乡村集体议题的解决方案。

关于政府在推动社会创业中的作用,既有研究多采用自上而下的视角,着重分析以政府为中心的制度环境和政策对创业活动的影响[192-194]。然而,要全面理解政府在集体旅游社会创业中的角色,还应该深入考察受政府行为影响的利益相关群体的实际认知[195],即采用自下而上的视角,揭示不同群体对政府角色的多样化认知[196]。

基于此,本节将综合"自上而下"和"自下而上"两种研究路径,以明月村和竹艺村为案例,探讨地方政府在推动集体旅游社会创业中的作用。具体而言,本研究首先对政府相关政策进行文本分析,梳理两个案例地在集体社会创业组织成立初期政府的表现,基于自上而下视角归纳政府在其中的作用;然后,结合在两个案例地收集针对不同利益相关者的 Q 问卷,运用 Q 方法自下而上地解析利益相关者感知下的政府角色及其形成机制。

一、自上而下:制度环境的塑造

通过对实地调查数据的分析、研究发现,地方政府在集体旅游社会创业中,通过塑造制度环境发挥双重引导作用。一方面,地方政府通过"引导行动"助力价值创造,例如通过政策支持与资源倾斜,有效降低了集体创业的试错成本,为创业活动提供了有力保障;另一方面,地方政府通过"引导规则"实现价值分配,例如通过合理的制度安排平衡多方利益,避免"精英俘获"和"公地悲剧"的出现[197]。其在两个案例地的具体表现见表 5-1。

表 5-1 地方政府在推动合作社发展中的作用

乡村	引导行动—价值创造	引导规则—价值分配
明月村	帮助明月村引进雷竹、茶的生产（拓展市场机会） 引进项目组做社区营造与乡村旅游合作社孵化（通过政府承诺建立信任、提升组织能力） 以财政产业扶持资金入股合作社，推动合作社成立（解决初始资金） 规划 187 亩国有建设用地，定位新业态/项目（调整土地产权，链接外部资源） 推动村委会与项目组分工合作（降低交易成本，促进合作）	引导确立合作社分红规则（推进利益共享） 认证合作社为社会企业（倡导社会价值导向）
竹艺村	政府通过扶持资金以及相关的人才计划，如蓉城英才、崇州工匠，鼓励竹编手工业者创业/就业（提供政策机会） 引进国有企业，推动竹艺村旅游发展，建设地方品牌，提升竹编产业收益（拓展市场机会、链接外部资源、提升组织能力） 推动村委会、企业、社工组织分工合作（降低交易成本，促进合作）	推进合作社关注弱势群体利益（促进机会平等） 认证合作社为社会企业（倡导社会价值导向）

1. 引导行动实现价值创造

政府的引导行动是乡村集体社会创业价值创造的关键驱动力。政府在乡村发展中的直接介入，往往以资源导入与能力建设为核心，通过精准的行动设计推动价值创造，而间接介入则通过提供政策机会、扶持本地精英等行为提供支撑体系。具体而言，政府的行动逻辑包括三个层面。

一是链接外部资源，促进生产要素优化，其核心在于通过资源整合与结构调整，将乡村的潜在资源转化为现实生产力。例如，在明月村，政府通过

---

① "精英俘获"指在乡村振兴和扶贫等政策实施过程中，乡村精英利用自身在社会关系网络中的优势地位，通过与体制内外的权力结构互动，优先获取并利用政策资源，从而实现自身利益最大化。

财政投入，如产业扶持资金与土地政策（如国有建设用地规划）等手段，直接为乡村注入关键性生产要素。在明月乡村旅游专业合作社的成立过程中，政府的财政产业扶持资金以入股合作社的形式注入，有效解决了合作社初期的资金瓶颈问题，直接推动了集体社会创业组织的产生。此外，蒲江县政府充分利用土地指标调整的政策优势，为明月村规划了187亩国有建设用地。这一举措不仅为明月村引进新村民、新业态提供了直接的政策支持，还通过土地的集中规划和产权的清晰界定，解决了土地碎片化问题，推动了乡村产业的空间集聚与功能升级。在竹艺村，崇州市政府于2017年引入崇州市市属国有公司——四川中瑞锦业文化旅游有限公司接手"竹编文化"名片打造工作，通过对村内竹编文化及资源的挖掘与整合，实现产业链转型升级，并进一步在此基础上引入新村民、新业态，通过建设竹编艺术馆、见外美术馆、三径书院等文化空间，丰富了竹艺村的旅游产品和服务。

此外，乡村的生态、文化等潜在资源，往往因缺乏有效的开发机制而处于沉睡状态。政府通过政策引导与资源整合，将这些潜在资源转化为可开发、可交易的生产要素。例如，明月村依托其独特的陶艺文化与生态资源，通过政府主导的产业规划与品牌建设，成功打造了"国际陶艺村"的品牌形象，实现了文化资源向经济价值的转化。竹艺村则通过政府的大力引导与支持，将竹编产品从日用消费品转型为具有文化价值和艺术价值的国家级非遗，提升竹编产品的附加值。

二是组织能力提升，其核心在于通过能力建设与信任构建，推动乡村组织从传统农业合作社向现代企业化组织转型。一方面，专业团队的引入为乡村注入了外部知识与专业技能，例如明月村通过项目组的培训与指导，帮助村民掌握市场运营、品牌建设等技能，显著增强了旅游合作社的市场竞争力；竹艺村则通过国有企业的整村运营计划推动竹编产品市场化，并为村民提供创业支持如帮助村民设计改造自家房屋，为村民提供培训等，拓宽村民增收渠道。这种"外部赋能+内部成长"的模式，既提升了乡村组织的自我发展能力，又培育了乡村的内生动力，促进了乡村旅游"造血式"发展。

另一方面，政府通过搭建信任桥梁，缓解了村民与外部主体之间的信息不对称与信任问题。在明月村，项目组依靠政府背书做出承诺，有效提高决策效率，而项目组作为第三方中介，既代表政府的政策意图，又熟悉乡村的实际情况，能够有效地协调各方利益，推动资源的高效流动。除此之外，政府还推动了村委会与合作社的分工合作，进一步降低了协调成本，形成了"政府引导、专业团队运营、村民参与"的协同治理模式。在竹艺村，政府通过引导国企团队入驻竹艺村，负责竹编产业的品牌化运营和市场推广；村委会与竹编合作社则负责组织村民参与技能培训，确保村民能够更好地掌握竹编技术与运营管理能力；而社工组织则负责开展村内集体文化活动，村民参与活动及创业就业实践。这一过程，不仅推动乡村提升了决策效率，更实现了多方主体的利益共赢，为乡村的可持续发展奠定了组织基础。

三是市场机会拓展，其核心在于通过产业规划与品牌建设，提升乡村的市场竞争力与品牌影响力。首先，产业定位的明确为乡村发展提供了战略指引。例如，明月村将自身定位为"国际陶艺村"，既契合了资源禀赋，又顺应了市场需求；竹艺村则以竹编文化作为发展核心，围绕"竹"文化、"竹"产业开展市场运营。其次，通过空间集聚与产业关联，乡村能够形成规模经济与范围经济，降低生产成本，提升市场竞争力。例如，在竹艺村，政府将竹艺村的竹编生产、设计、展示、销售等环节集中布局，形成了竹编产业的集聚效应。再次，品牌建设是市场拓展的核心抓手，两个村落的政府都通过举办文化节、艺术展览等活动，提升了乡村的知名度与美誉度，吸引了大量游客与投资者的关注。品牌赋能不仅提升了乡村的经济价值，更增强了乡村的文化自信与社会认同。最后，市场网络的构建为乡村产品与服务提供了更广阔的市场空间。例如，明月村通过与电商平台、旅游机构的合作，拓展了销售渠道，提升了产品附加值；竹艺村通过官方宣传渠道以及线上社交平台如小红书等搭建媒体矩阵，并通过将"90 后"非遗传承人杨隆梅打造成为本地竹编技艺的代表人物，在国内、国际等平台上展现竹艺村的竹编文化技艺，推动竹艺村的品牌形象扩展。

2. 引导规则实现价值分配

政府的引导规则是乡村社会创业价值分配的重要保障，其核心在于通过制度建设，平衡不同利益主体的诉求，实现发展成果的公平分配[198]。通过制定和实施一系列规则，政府能够推动乡村社会创业的成果公平合理地分配给各个参与主体，从而促进乡村社会的和谐发展。具体而言，政府的引导规则主要体现在两个方面。

一是倡导社会价值。政府通过认证合作社为社会企业，赋予其规制合法性，从而推动合作社的制度化建设[199]。这一制度设计具有双重战略价值。一方面，认证过程强化了合作社的社会属性，通过制度约束确保其经济行为的社会责任。例如,《成都市社会企业培育发展管理办法》要求申报企业章程需清晰载明社会目标、拟解决问题及商业模式,促使乡村集体创业项目在规划阶段就明确社会使命,将解决乡村贫困、就业困难、文化传承等社会问题融入创业蓝图。一方面,对企业的经营与信用状况提出了明确要求,如企业需连续经营满1年、专职受薪人数不低于3人,且法定代表人无违法失信记录,从财务、信用等多维度筛选出具备运营能力和发展潜力的乡村集体创业主体,确保认证企业质量,维护乡村创业市场秩序[①]。以竹艺村巧妹子竹编专业合作社为例,其在运营中关注弱势群体利益,通过招募弱势群体作为员工,带动周围村民进入竹编产业就业等,将社会价值嵌入经济行为。另一方面,认证提升了合作社的市场公信力,使其在融资、宣传等环节更容易获得政策优惠,例如明月乡村旅游专业合作社将当地雷竹笋、柑橘等农产品打造为品牌产品,而政府则优先推广、采购认证合作社的产品等,形成"社会声誉—市场资源"的正向循环,进一步保障了合作社的可持续发展。

二是促进机会平等与利益共享。政府引导确立了合作社的分红规则,通过正式制度推进第三方实施,确保了利益分配的公平性和透明性。在明月村发展初期,由于个体经营难以发展,运营项目组提议由村集体、村民、财政产业扶持资金各出资1/3,成立以村民为主体的合作社,并提出资金由合作社聘请职业经理人管理,财政产业扶持资金不参与分红。这种分红规则的制定,不仅为乡村社会创业的成果分配提供了制度保障,还通过第三方实施增强了分配过程的公正性,有助于缓解乡村社会创业过程中可能出现的利益冲突,提升村民对乡村社会创业项目的信任和参与度。与此同时,政府通过政策扶持与资源倾斜,促进弱势群体参与经济发展,确保机会平等。以竹艺村竹编手工业者为例,政府通过扶持竹编手工业者创业就业,不仅为竹编手工业者提供免费的技能培训,帮助他们提升技艺水平,还设立专项扶持资金,鼓励手工业者自主创业,更通过市场拓展与品牌建设,提升竹编产业的整体收益,使更多村民从中受益。这一过程不仅提升了乡村产业的市场竞争力,还通过品牌建设增强了乡村社会创业的可持续性。

综上所述,政府自上而下地塑造制度环境,主要通过引导行动与引导规

---

① 参见成都市人民政府办公厅《成都市人民政府办公厅关于印发〈成都市社会企业培育发展管理办法〉的通知》,见成都市人民政府网(https://www.chengdu.gov.cn/gkml/cdsrmzfbgt/qtwj/1613191521203494912.shtml)。

则两条路径推动社会创业组织的产生。聚焦具体的集体社会创业组织,政府的介入程度存在差异。例如,在本研究的两个案例中,蒲江县政府在明月乡村旅游专业合作社的成立与发展过程中扮演了更为直接的角色,而崇州市政府则主要通过推进竹艺村的旅游业和竹编产业发展,以更加一般化的政策间接影响巧妹子竹编专业合作社的成立与发展。然而,不可否认的是,两个合作社的创立均离不开政府自上而下的推动作用。进一步地,本研究尝试从利益相关者的角度,分析不同主体对政府角色及作用的感知,从而更全面地理解政府在推动集体旅游社会创业中的作用机制。

二、自下而上:利益相关者的感知

Q 方法的核心在于探究个体对公共话语及社会分歧所展现出的操作主观性。这种主观性侧重于态度和认知的功能性分类,而非逻辑分类。Q 方法的基本步骤包括构建 Q 集(即陈述集合)、招募 P 集(参与者群体)、通过 Q 排序收集数据,以及运用 Q 因子分析来识别具有相似主观性的群体[200]。

Q 集的构建是整个研究的基础。研究团队首先对"政府与社会创业"相关文献进行全面梳理,从政府提供的正式制度(如规制)、非正式制度(如规范和认知)两个方面综合企业、集体、村民及其他利益相关者对政府的态度与观点,初步提炼出 27 个陈述。其次,对初步研究阶段开展的深入访谈记录进行编码分析,通过进一步提炼与概括,总结出 39 个陈述。然后,将文献与访谈中获得的陈述进行同义整合,去除重复内容,最终形成如"政府有一些人才计划和项目,吸引了很多人才来村子就业、创业""政府对合作社的宣传和推广不足,使得外界对其了解不深"等 40 个陈述语句的 Q 集,见表 5-2。最后,依据目的抽样的逻辑对明月村与竹艺村集体旅游社会创业的参与者进行抽样,共收集 32 份有效样本。

表 5-2 Q 集的陈述语句

序号	陈述语句
01	政府推出的扶贫政策让我们老百姓的生活变好了
02	现在政府提出的政策能够更好地保护合作社的发展
03	政府管理就是走走过场,对合作社发展没有起到什么特别的作用

（续上表）

序号	陈述语句
04	我们村怎么建设、怎么发展都是政府说了算
05	政府制定的土地出让/流转制度，促进了我们村的发展
06	政府的政策支持（比如税收优惠）能够鼓励本地创业
07	政府的主要作用是整合了各方资源，提高了大家的创业积极性
08	政府有一些人才计划和项目，吸引了很多人才来村子就业、创业
09	政府并没有给合作社提供多少资源
10	政府一直支持着合作社，让合作社发展得比较顺利
11	第一书记、名誉村长等政府人员的工作让大家的关系更加密切
12	认识一些政府人员有助于创业和经营
13	政府搭建了信息沟通平台，让大家能够及时了解创业信息
14	政府帮忙推广我们合作社的产品，让更多人知道了我们村的东西
15	村子里能够和谐经营是政府管理市场规范的效果
16	政府帮忙引入了新村民，给村子带来了资源
17	政府推动了村子的农业、旅游业等产业发展，带来了经济效益
18	在政府的推动下，村内的生态环境、基础设施得以改善
19	在政府的推动下，村内感觉更有文化，相处更和谐了
20	政府为村民提供了很多技能培训的机会
21	政府开展了消防等经营安全方面的培训
22	政府打造了我们村子的形象，让大家都知道了我们村
23	政府颁布的政策跟不上合作社实际的发展需求，作用有限
24	政府在村子里举办了一些有意义的活动，提升了我们的合作意识
25	政府领导在引导村落发展方向上的作用很大
26	政府对我们的创业和生活几乎没有影响
27	政府引入社会力量（如工作组等）进行合作社孵化

（续上表）

序号	陈述语句
28	政府以一定的财政产业扶持资金入股合作社
29	政府推动村委会与合作社分工合作
30	政府能够有效解决村民与合作社之间的冲突
31	有政府的保障，我相信村落能发展得好
32	政府对本地村民的扶持力度较大，鼓励他们就业、创业
33	政府认证合作社为"社会企业"，对于合作社的发展很有帮助
34	政府鼓励合作社雇佣残障人士等弱势群体
35	有政府的保障，合作社的制度能够得到有效实施
36	政府对合作社的监管和管理不力，带来了不公平竞争
37	政府对合作社的管理主要依靠人情关系
38	政府的行政程序烦琐，给合作社的日常运营带来了众多困扰
39	政府对合作社的宣传和推广不足，使得外界对其了解不深
40	政府对合作社的干预过多，抑制了创新和自主管理

在数据分析上，使用 PQMethod 2.35 软件进行 Q 因子分析，并得到四种不同的因子类型，结果见表 5-3。

表 5-3　Q 因子分析结果

编号	因子	描述
类型 I（12），22% 方差		
P-MY-03	0.74	女性，明月村，合作社员工，本地居民，30 岁以上
P-ZY-14	0.74	女性，竹艺村，前台员工，外部从业者，30 岁以上
P-MY-01	0.72	女性，明月村，合作社员工，本地居民，30 岁以上
P-ZY-13	0.72	女性，竹艺村，餐馆老板，外部创业者，48 岁
P-MY-18	0.61	女性，明月村，民宿员工，外部从业者，25 岁以上
P-MY-15	0.60	女性，明月村，民宿员工，外部从业者，25 岁以上
P-MY-08	0.56	女性，明月村，餐馆老板，本地居民，创业者，35 岁以上

（续上表）

编号	因子	描述
类型 I （12），22% 方差		
P-ZY-12	0.55	男性，竹艺村，村委会成员，本地居民，30 岁以上
P-MY-13	0.53	男性，明月村，村委会成员，本地居民，30 岁以上
P-MY-14	0.53	男性，明月村，村长，本地居民，创业者，40 岁以上
P-ZY-05	0.51	男性，竹艺村，民宿老板，本地居民，创业者，40 岁以上
P-MY-09	0.49	男性，明月村，蓝染工，本地居民，创业者，30 岁以上
类型 II （10），20% 方差		
P-MY-12	0.75	女性，明月村，陶艺师，本地居民，创业者，30 岁以上
P-MY-04	0.71	男性，明月村，合作社负责人，本地居民，创业者，30 岁以上
P-MY-17	0.70	男性，明月村，陶艺师，外部创业者，30 岁以上
P-MY-06	0.61	女性，明月村，蓝染工，本地居民，创业者，30 岁以上
P-ZY-03	0.60	女性，竹艺村，餐馆老板，本地居民，创业者，30 岁以上
P-ZY-11	0.51	女性，竹艺村，村委会成员，本地居民，30 岁以上
P-ZY-08	0.49	女性，竹艺村，零售业，本地居民，创业者，30 岁以上
P-MY-11	0.47	女性，明月村，餐馆老板，本地居民，创业者，50 岁以上
P-MY-10	0.45	女性，明月村，餐馆老板，本地居民，创业者，40 岁以上
P-ZY-04	0.45	女性，竹艺村，零售业，本地居民，创业者，40 岁以上
类型 III （3），5% 方差		
P-ZY-10	0.60	女性，竹艺村，竹工坊，本地居民，创业者，32 岁
P-ZY-07	0.49	女性，竹艺村，茶馆老板，本地居民，创业者，50 岁以上
P-ZY-06	−0.53	男性，竹艺村，餐馆老板，本地居民，82 岁
类型 IV （2），4% 方差		
P-ZY-01	0.57	男性，竹艺村，合作社负责人，本地居民，创业者，35 岁以上
P-ZY-09	0.39	女性，竹艺村，零售业，本地居民，创业者，40 岁以上
其他		
P-MY-02	/	女性，明月村，合作社员工，本地居民，30 岁以上
P-MY-05	/	女性，明月村，合作社负责人，外部创业者，35 岁
P-MY-07	/	女性，明月村，陶艺师，本地居民，创业者，36 岁
P-MY-16	/	男性，明月村，蓝染工，外部创业者，33 岁

结合四种类型的高分布得分陈述[①]（得分分别为5、-5、4和-4），将不同利益相关者感知到的政府角色归纳为四类，分别是"务实的政策执行者""社区发展孵化器""有限发展的推动者"和"不公正的资源配置者"。这四类认知角色既反映了村民及利益相关者对政府在集体社会创业中不同行为和效能的评价，也为理解政府如何破解集体社会创业的新创困境、实现集体动员、推动集体社会创业组织产生提供了关键线索。

1. 类型Ⅰ：务实的政策执行者

该类型的高分布得分陈述语句见表5-4。其中，得分为5或4的陈述语句，凸显了政府在推动集体社会创业中的积极作用，尤其是在制定相关政策以及为村落导入资源方面；而得分为-5或-4的陈述语句则表明了对政府不作为的认知观点。结合上述高分布得分陈述，可将政府的作用归纳为"务实的政策执行者"。认可政府这一角色的成员主要涉及合作社成员、村委会成员以及受政府政策引导的外来创业者。在乡村旅游发展的初期阶段，政府主要聚焦于改善基础设施并制定促进合作社建立的相关政策，为集体社会创业组织的产生奠定基础。而在后期阶段，政府的角色逐渐转向提供制度保障与治理支持，以确保社会创业活动的持续开展。

政府通过财政支持助力合作社的建立，并引入优惠措施吸引外部专业人才，为外来创业者参与社会创业活动提供了合法性与激励机制。这种务实的政策执行不仅为村庄带来了外部资源，还凸显了正式监管框架对社会创业实体支持的有效性。此外，村民对政府建立信息共享平台以促进合作与公平发展的举措表示认可，认为这一平台有助于优化资源配置并提升合作效率。因此，政府在资源动员和政策实施方面的积极推动得到了村民的认同，从而成为推动集体社会创业的重要力量。

表5-4 高分布得分陈述语句（类型Ⅰ）

类型Ⅰ：务实的政策执行者		
序号[②]	高分布得分陈述	得分
01	政府推出的扶贫政策让我们老百姓的生活变好了	5

---

① 高分布得分陈述是指那些在参与者排序中被高度认同或强烈反对的陈述语句，是Q方法分析中区分不同类型观点的关键要素。

② 表5-4至表5-7中的序号指表5-2中陈述语句的序号。

（续上表）

类型 I：务实的政策执行者		
序号	高分布得分陈述	得分
05	政府制定的土地出让／流转制度，促进了我们村的发展	5
23	政府颁布的政策跟不上合作社实际的发展需求，作用有限	–5
03	政府管理就是走走过场，对合作社发展没有起到什么特别的作用	–5
17	政府推动了村子的农业、旅游业等产业发展，带来了经济效益	4
07	政府的主要作用是整合了各方资源，提高了大家的创业积极性	4
16	政府帮忙引入了新村民，给村子带来了资源	4
09	政府并没有给合作社提供多少资源	–4
26	政府对我们的创业和生活几乎没有影响	–4
37	政府对合作社的管理主要依靠人情关系	–4

2. 类型 II：社区发展孵化器

此类型的高分布得分陈述语句见表 5-5。其中，得分为 5 或 4 的陈述语句，着重凸显了政府在引导社区发展过程中所发挥的积极且关键的作用；而得分为 –5 或 –4 的陈述语句，则明确否定了政府在合作社成立与发展过程中存在的任何正面作用。综合这些高分布得分的陈述，可以将政府的作用归纳为"社区发展孵化器"。认可政府这一作用的主要是本地村民，他们更加关注社区的长期发展，尤其是创业教育以及社会网络关系的构建。在创业教育方面，政府通过直接组织或借助村委会、合作社等间接方式，开展了一系列培训活动。例如，在明月村，政府为服务行业的从业者提供了专业培训，显著提升了他们的业务能力和职业素养；在竹艺村，政府组织了消防安全培训和研讨会，增强了居民的安全意识和火灾应对能力。

此外，政府对生态保护和社区赋能的重视，能够有效增强居民的责任感和规范意识，进而将个人发展与社区福祉紧密结合起来。这些举措不仅营造了浓厚的创业氛围，还推动了社区社会集体创业组织的发展，使政府成为社区发展的陪伴者与孵化器。

第五章 集体动员：双重机会结构下的社会创业组织

表 5-5 高分布得分陈述语句（类型 II）

	类型 II：社区发展孵化器	
序号	高分布得分陈述	得分
16	政府帮忙引入了新村民，给村子带来了资源	5
17	政府推动了村子的农业、旅游业等产业发展，带来了经济效益	5
03	政府管理就是走走过场，对合作社发展没有起到什么特别的作用	-5
38	政府的行政程序烦琐，给合作社的日常运营带来了众多困扰	-5
31	有政府的保障，我相信村落能发展得好	4
18	在政府的推动下，村内的生态环境、基础设施得以改善	4
20	政府为村民提供了很多技能培训的机会	4
09	政府并没有给合作社提供多少资源	-4
37	政府对合作社的管理主要依靠人情关系	-4
39	政府对合作社的宣传和推广不足，使得外界对其了解不深	-4

3. 类型 III：有限发展的推动者

该类型的高分布得分陈述语句见表 5-6。其中，得分为 5 或 4 的陈述语句认可政府在改善乡村基础设施以及引进新村民中的作用；而得分为 -5 或 -4 的陈述语句则对政府在合作社与乡村发展中的实际效果持否定态度。这种对比较为鲜明的得分分布，凸显了政府在推动社区发展与集体社会创业中的有限性，其支持者主要来自竹艺村的本地村民。尽管他们承认政府在某些方面发挥了作用，但对其实际效果持怀疑态度。具体表现在以下两个方面：一方面，政府的宣传推广活动未能给村民带来直接的经济收益，对乡村旅游发展的实质性帮助较为有限；另一方面，政府设定的发展目标与村民个人愿望之间存在差异，导致村民对政府的某些举措缺乏认同感。尽管政府的推广举措在一定程度上吸引了外部关注，但这部分群体认为，个体创业者的成功更多地依赖于其自身的商业模式和市场渠道，而非政府的支持。

此外，该类型还强调政府在技能提升、资源整合和创业支持方面存在不足，这些不足限制了合作社的自主性和发展能力。特别是在保护非遗（如竹编技艺）方面，政府在资源整合和创业推广方面的参与，未能为合作社的创新和发展带来实质性益处。因此，部分村民对政府的作用持中立态度，认为政府的支持在推动社区发展和集体社会创业方面的效果并不显著。

表 5-6　高分布得分陈述语句（类型 III）

类型 III：有限发展的推动者		
序号	高分布得分陈述	得分
08	政府有一些人才计划和项目，吸引了很多人才来村子就业、创业	5
16	政府帮忙引入了新村民，给村子带来了资源	5
18	在政府的推动下，村内的生态环境、基础设施得以改善	5
35	有政府的保障，合作社的制度能够得到有效实施	−5
14	政府帮忙推广我们合作社的产品，让更多人知道了我们村的东西	−5
28	政府以一定的财政产业扶持资金入股合作社	4
32	政府对本地村民的扶持力度较大，鼓励他们就业、创业	4
26	政府对我们的创业和生活几乎没有影响	−4
25	政府领导在引导村落发展方向上的作用很大	−4
06	政府的政策支持（比如税收优惠）能够鼓励本地创业	−4

4. 类型IV：不公正的资源配置者

类型 IV 的高分布得分陈述语句见表 5-7。尽管得分为 5 或 4 的陈述语句承认了政府在导入资源中的积极作用，但得分为 −5 或 −4 的陈述语句则对政府在推动社区发展与集体社会创业中的作用持否定态度。这一观点的支持者主要来自竹艺村的本地村民。通过对他们的访谈发现，这部分村民对政府的信任度较低，并认为，在资源分配过程中，政府可能存在不公正行为。这种不信任的根源在于部分村民未能从政府的行动中获得实质性益处，加之信息不对称的存在，使得部分村民认为政府在分配资源时存在隐性"关系网"，进而质疑政府的公平性与公信力。

此外，有部分村民认为，政府未能及时有效地应对乡村旅游发展过程中出现的恶性竞争问题。这种竞争不仅扰乱了市场秩序，还加剧了居民之间的分裂。少部分村民因此将政府视为"不公正的资源配置者"，认为政府在资源分配和政策执行过程中未能充分考虑全体居民的利益，导致资源分配的不均衡和不公平现象。

第五章 集体动员：双重机会结构下的社会创业组织

表 5-7 高分布得分陈述语句（类型 Ⅳ）

类型 Ⅳ：不公正的资源配置者		
序号	高分布得分陈述	得分
19	在政府的推动下，村内感觉更有文化，相处更和谐了	5
08	政府有一些人才计划和项目，吸引了很多人才来村子就业、创业	5
13	政府搭建了信息沟通平台，让大家能够及时了解创业信息	-5
24	政府在村子里举办了一些有意义的活动，提升了我们的合作意识	-5
07	政府的主要作用是整合了各方资源，提高了大家的创业积极性	4
17	政府推动了村子的农业、旅游业等产业发展，带来了经济效益	4
32	政府对本地村民的扶持力度较大，鼓励他们就业、创业	4
11	第一书记、名誉村长等政府人员的工作让大家的关系更加密切	-4
33	政府认证合作社为"社会企业"，对于合作社的发展很有帮助	-4
28	政府以一定的财政产业扶持资金入股合作社	-4

本研究基于 Q 因子分析，识别出村民及利益相关者对政府在集体社会创业中所扮演的四类角色认知，为政府破解集体社会创业中的新创困境提供了明确的方向。

一方面，研究发现肯定了政府在推动集体社会创业组织中的作用。作为"务实的政策执行者"，政府需持续优化政策体系，确保政策与集体社会创业的实际需求紧密契合。在此基础上，政府应强化资源整合力度，在资金、技术、人才等关键要素上给予全方位支持，并加强政策实施的监督与评估，保障政策落地见效。作为"社区发展孵化器"，政府需将社区发展置于核心地位，通过生态保护、基础设施完善等举措提升社区整体环境。同时，政府应深化创业教育，依据不同村庄的产业特色开展具有针对性的技能培训，营造浓厚的创业氛围，推动社区可持续发展。值得注意的是，所有利益相关者感知到的共识性语句为"政府能够有效解决村民与合作社之间的冲突"。这一共识表明，在中国特定的制度情境下，政府在协调不同主体之间的潜在冲突中具有不可替代的重要作用。

另一方面，研究结果提示，在政府介入集体社会创业的过程中，某些行为也可能引发村民的负面感知，从而对集体社会创业的推进产生阻碍。主要体现在以下三个方面：首先，如果政策制定缺乏深入调研，与实际需求脱节，可能导致政策难以落地，无法有效推动集体社会创业的发展。这不仅会削弱政策的预期效果，还可能使村民对政府的能力和诚意产生质疑，进而影响政府在村民心目中的公信力。其次，在资源分配过程中，如果存在不公正现象，如过度集中扶持部分群体而忽视其他群体的需求，可能会加剧村民之间的矛盾，破坏集体社会创业所需的团结协作氛围。最后，信息沟通不畅也是一个重要的问题。如果村民无法及时了解政策动态和创业相关信息，可能会产生被边缘化的感觉，进而降低对政府的信任度。这种信任危机一旦形成，不仅会影响村民对集体社会创业的参与热情，还可能在一定程度上阻碍集体社会创业的进程，进而影响乡村可持续发展目标的实现。

综上所述，政府在推动集体社会创业的过程中，必须充分重视政策的科学性、资源分配的公平性以及信息沟通的透明性，以避免引发村民的负面感知，确保集体社会创业能够顺利推进，为乡村旅游的持续发展奠定基础。

第三节　机制分析：集体旅游社会创业如何形成？

尽管集体社会创业组织的创立面临诸多阻碍，但仍有一部分乡村通过合作社、混合所有制等新型组织形式实现集体动员，使"形式化"的集体转向实质性协作的联结。在此过程中，政府通过塑造制度环境，为乡村集体社会创业提供了机会结构与资源配置，并通过引导行为和引导规则两条路径，推动经济与社会价值的创造与分配。政府在这一过程中发挥了重要作用，包括政策制定、推动社区发展以及资源分配等诸多方面。

要深入理解政府为何能够在乡村集体社会创业中发挥推动作用，必须将其置于中国特色的制度框架中进行系统分析。尽管村级组织并非行政科层体系的正式组成部分，但地方政府通常会委托其承担部分基层治理职能。地方政府将部分管理权授予村集体组织，使其能够履行行政职能。在此过程中，政府与村集体之间形成了一种隐性契约，即乡村发展不仅是村集体组织的职责，也是地方政府的重要责任。在乡村振兴战略全面推进的背景下，推动乡村发展、创造乡村社会价值已成为地方政府重要的政绩工程之一，因此，政府具备了介入乡村发展的制度基础。

政府介入乡村发展后，有效降低了村集体、村民与外来创业者之间的交易成本，促进了多方合作。Q方法分析结果显示，所有的利益相关者均认同

第五章　集体动员：双重机会结构下的社会创业组织

"政府能够有效解决村民与合作社之间的冲突"。究其原因，一方面，在正式制度层面，政府通过产权界定、契约保障以及纠纷调解等正式制度设计，显著降低了乡村创业过程中的信息不对称和机会主义风险。另一方面，政府的介入不局限于正式制度领域，其角色已由正式制度领域自然延伸至非正式约束层面。例如，村民基于对政府作为行政管理者的合法性认同，对其产生社会期待，认为政府介入后能够充分调动更多的政策资源助力乡村发展；而外来创业者通过获得政府背书，能够更好地与村民建立包含承诺与监督的信任体系，进而在一定程度上破解乡村集体行动中的合作困境，并推动合作社等集体组织的成立。

除了政府的推动，旅游业作为一种复合性产业，具备文化体验、消费场景构建和空间生产等多重功能[201-202]，其在乡村的发展，重塑了乡村的市场机会结构。市场机制通过创新驱动和资源整合重构乡村产业体系，为乡村集体社会创业的产生提供了坚实的基础。市场力量作为消费需求的直接反映，能够有效引导乡村资源配置的优化与调整。特别是在乡村旅游目的地，村民可以依托所在地的文化资源深度参与旅游发展进程，并通过价值共创机制实现创新发展，从而打破传统乡村治理中"政府主导、村民参与"的单一格局，激活村民与集体组织之间的协同网络。在此过程中，集体组织成为政府、企业、外来创业者等多元主体资源整合与利益联结的关键枢纽。

以竹艺村的实践为例，传统竹编技艺通过产业化延伸，实现了从农业生产工具向文化消费商品的符号转换。竹编体验工坊、主题民宿集群以及文化研学基地等新型业态的衍生，不仅重构了乡村消费空间，而且促进了产业形态质变升级。村民的参与方式也发生了根本性转变——从单纯的劳动力输出，转向技艺入股、创意合作等价值共创模式，有力地推动了劳动力的创造性转化。例如，游客在竹编体验馆制作的个性化工艺品，其单价从工业制品的几十元提升至手工艺品的数百元甚至上千元。因此，市场机会结构及新的消费需求为不同主体介入旅游发展及主体间协作提供了广阔空间。

基于上述分析，集体旅游社会创业的生成是制度嵌入与市场驱动协同作用的结果，深刻反映了在制度与市场双重机会结构下，乡村集体动员的动态过程。在此过程中，政府与市场的互动构成关键变量：政府通过制度设计为集体社会创业提供政策支持与行动指引，而市场则通过创新驱动与资源整合，激活乡村内生发展动力。最终，通过"政府引导—市场驱动—集体响应"的作用路径，实现集体动员，推动村民、村集体及其他利益相关者共建以合作社为载体的集体形式创业组织。在此基础上，通过市场化运营机制与制度化共享机制的构建，该组织兼具经济效率与社会效益的双重属性，形成具有中国本土特征的集体旅游社会创业模式。其形成机制如图5-1所示。

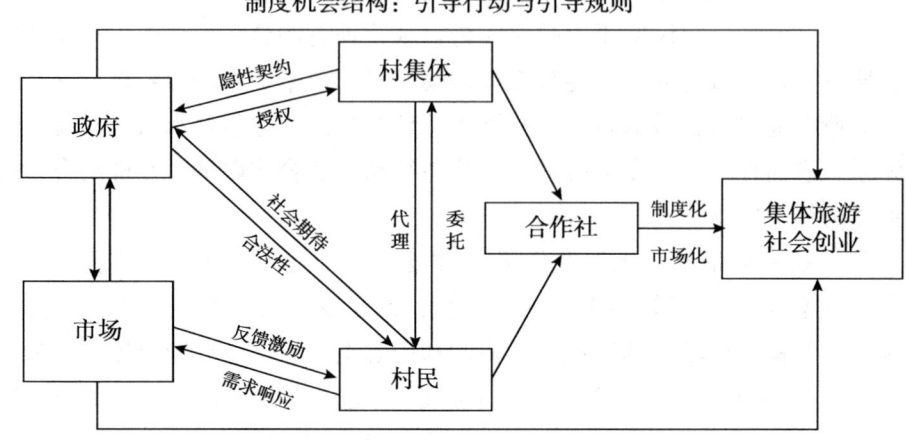

图 5-1　双重机会结构下集体旅游社会创业的形成机制

本研究认为，乡村集体社会创业组织的形成，本质上是一个松散的"集体"再组织过程，其内在机制深刻反映了政府、村民、村集体与市场主体在乡村旅游场域中，为实现公共目标而开展的集体动员过程。宏观层面的机会结构为这一动员过程提供了基础动力。

第一，制度机会结构为政府推动乡村发展提供了制度性介入路径。政府通过政策引导与资源下沉的双重支持，为乡村集体社会创业构建了坚实的基础保障。一方面，政府通过顶层设计提供战略指引，明确乡村发展的方向与重点；另一方面，以专项资金投入、基础设施建设、公共服务供给等具体措施形成系统性支撑。这些制度性承诺具有鲜明的权威性特征，既通过法规政策明确创业主体的权益，又以持续的资源注入稳定预期收益，显著降低了乡村集体社会创业的风险与试错成本。在此框架下，集体性创业组织能够有效协调分散的村民诉求，将个体发展意愿转化为组织化行动力量，形成制度保障下的可持续创业模式。

第二，市场机会结构为各主体介入乡村发展提供了持续动力与经济激励。集体社会创业的发展离不开市场机制的引入和市场化契约的签订。这些契约不仅明确了各参与主体的权利与义务，还通过价格机制、竞争机制等市场手段，激发了乡村社会的创新活力，提高了其资源配置效率。与制度机会结构的相对稳定性不同，市场机会结构根据市场变化和实际需求不断动态调整，为乡村集体社会创业与多主体协同创新提供了更加广阔的发展空间。例如，通过与企业、社会组织等外部主体的合作，乡村集体能够引入更多的资金、技术和管理经验，推动项目的快速落地和高效运营。进一步地，市场化运营机制的建立也为集体社会创业组织的可持续运营提供了保障。

制度机会结构与市场机会结构的耦合，不仅破解了传统集体组织的合作困境，更通过价值共创实现了经济目标与社会目标的有机统一。这种协同既非单一行政主导，也非完全市场驱动，而是通过制度逻辑与市场网络的深度嵌套来实现。其中，政府的资源调配能力、村集体的组织权威、合作社的经济功能与市场的配置效率相互协同，共同构建起乡村集体社会创业的动员生态。然而，值得注意的是，在实践中，政府在提供制度框架时，可能会过度干预市场机制；而市场化契约的签订和执行也可能受到制度嵌入的制约。因此，在双重机会结构下，只有不断探索制度嵌入与市场响应的有机结合模式，才能激发有效的集体旅游社会创业，推动乡村社会经济的持续发展。

第四节　本章小结

本章聚焦乡村集体旅游社会创业，从新创劣势、合作困境切入，深入剖析了政府在其中的作用及集体旅游社会创业的形成机制。研究发现，乡村集体社会创业组织在初创阶段面临诸多劣势，包括城乡二元体制下创新主体性缺失、制度与文化环境的阻碍，以及社会价值与经济价值难以调和的矛盾等。同时，集体创业组织还面临多重合作困境，主要体现在多主体参与导致利益诉求差异，难以形成有效的合作机制。

在此背景下，政府通过塑造制度环境发挥双重作用，一方面是引导行动助力价值创造，通过链接外部资源、提升组织能力、拓展市场机会等推动乡村发展；另一方面则是引导规则实现价值分配，促进机会平等与利益合理分配。基于Q方法分析，研究进一步揭示了利益相关者对政府角色的多样化认知，包括"务实的政策执行者""社区发展孵化器""有限发展的推动者"和"不公正的资源配置者"四种类型，反映了政府在推动集体社会创业中的复杂影响。这既肯定了政府在推动集体社会创业中的作用，同时也警示了地方政府在介入过程中，若政策制定脱离实际、资源分配不公、管理方式不当或信息沟通不畅，极易引发村民的负面感知，进而阻碍集体社会创业的进程。

　　进一步地，本章深入剖析了集体旅游社会创业的形成机制，揭示了制度嵌入与市场驱动的协同作用。政府通过制度设计为创业提供政策支持与行动指引，而市场则通过创新驱动与资源整合激活乡村内生动力。在"政府引导—市场驱动—集体响应"的作用路径下，实现了有效的集体动员，从而推动了以合作社为载体的集体创业组织的建立。在此基础上，通过市场化与制度化机制的构建，形成了兼具经济效率与社会效益的集体旅游社会创业模式，为乡村振兴提供了新的路径与思路。

第六章　集体协同：多主体参与下的社会创业实践

集体社会创业组织的形成并不必然带来有效的社会创业实践。尤其在乡村旅游地，由于多方主体参与构成了特殊挑战——本地村民、外来创客、商业企业等利益诉求交织，因此构建多主体之间的资源整合与价值共创机制尤为关键。集体社会创业组织因其集体性与社会性的混合属性，需通过制度化的协作框架，在产业规划、资源配置与利益分配等环节协调多元主体，方能兼顾经济目标与社会价值创造。因此，在集体社会创业组织建立后，如何激发多元主体的参与动能、构建可持续的协同网络，成为集体旅游社会创业研究的核心命题。

本章聚焦集体协同问题，旨在探讨乡村旅游发展背景下，集体社会创业组织在多个领域的创业实践，解析多元主体协同并推动社会创业发展的作用机制。具体而言，本章结合实地调研数据，运用主题分析方法，聚焦社会创业在不同领域的表现，分别阐述明月村和竹艺村的社会创业实践过程；进一步地，结合中观层面的组织动态演化与社区关系网络变迁，基于合法性和社会资本视角，解析集体旅游社会创业实现经济与社会双重目标的作用机制。

第一节　明月村：合作社主导的凝聚协作[①]

一、多领域的社会价值创造

明月乡村旅游专业合作社成立于2015年，由明月村工作组与社会组织

[①] 本节关于明月村社会创业实践的内容发表于《社会创业推动下乡村旅游地共同富裕形成机制研究》，载《旅游科学》2023年第3期，第37–38页，有改动。

"三加二读书荟"共同孵化。该合作社构建了村集体与本地村民共同参股的合作模式，联合新村民推动乡村发展，使当地社区从旅游发展中获益。旅游合作社的收入主要来源于以下三个方面：一是将社区内的闲置房屋进行租赁，主要租给新村民，租期较为稳定（通常为10~20年）；二是自主运营管理的项目，包括旅游中介服务、观光巴士等；三是销售旅游纪念品以及代销本地农产品。除商业运营外，合作社还高度关注区域品牌建设与公共服务供给，积极搭建村民免费培训平台，规范村民的经营业态；同时，为本地村民创造就业机会，并通过收益分红的方式切实提升村民收入水平。这些实践呈现出了高度的社会价值取向，该合作社也因此于2019年被四川省政府认证为"农牧渔与乡村发展"领域的社会企业。

明月乡村旅游专业合作社的社会创业实践及价值创造主要集中于三个层面。

1. 经济层面

合作社致力于提升村民的就业创业能力，帮助他们在乡村旅游发展中获得更多的就业机会与经济收益。在此基础上，合作社还充分发挥新老村民的协同作用，共同推进乡村产业的全面升级与业态创新，提升本地农产品的附加值，并推动多元产业的融合发展。

（1）带动本地村民就业增收。合作社积极为本地村民创造就业机会，特别是为相对贫困的家庭提供优先支持。在合作社自主经营的项目中，景区导览员、观光巴士司机、产品销售员等岗位，均优先录用本地居民，帮助他们深度参与乡村旅游接待业务并获得稳定收入。

合作社经理表示："明月村曾是一个贫困村，我们成立合作社的主要目标是帮助村民脱贫，助力乡村振兴。因此，我们优先为贫困的家庭提供就业机会。"（MY-N03，新村民，合作社经理/民宿创业者，2023年8月4日）

（2）为本地村民提供免费培训。合作社为本地村民提供多样化的免费培训项目，帮助他们更好地融入地方发展之中。例如，通过组织市场调研、讲授经营管理等相关课程，让村民掌握必备的商业技能，以增强其创业意识和就业能力。

一位合作社成员介绍："我们邀请具有丰富创业经验的老师，培训当地村民，培训内容丰富，比如怎么做市场调研、经营管理的技巧，参与其中的人都十分积极并勤奋学习，能认识到培训会给他们带来巨大利益。"（MY-R02，本地村民，返乡创业者/合作社成员，2023年8月5日）

此外，合作社还充分发挥新村民的专业优势和资源，与他们深度合作开展陶艺培训项目，并为村民提供全方位的支持，帮助他们将创业想法转化为实际行动。许多本地村民在完成培训后，凭借所学技艺和积累的经验，成功开设了自己的陶艺工坊。一位陶艺工坊主理人提道："我们为村民提供免费的培训机会。村里有三个陶器作坊，是在这里学习后创办的。"（MY-N12，新村民，陶艺工坊主理人，2023年8月5日）

（3）提升本地农产品附加值。合作社立足本地丰富的农产品资源，积极打造"农商旅"融合发展平台，通过研发雷竹、茶叶、水果等经济作物的深加工衍生产品，延长农业产业链，提升农产品的附加值。同时，合作社以代销的方式帮助农民拓展销售渠道，并以高于市场的价格收购农产品，直接增加了当地农民的收入。

此外，合作社带动新村民探索创新农业生产技术，将生态种植、精细化管理等先进理念引入传统农业，进一步提升了农产品的品质和市场竞争力，实现了农产品附加值与经济效益的双提升。正如明月村的一位老村民所说："家里原来是种雷竹，一年雷笋收入在三四万元之间……之后我们开始加入生态联盟项目……主要就是一种生态法种植的创新模式，我们运用到农业生产中去。今年春笋节，东西卖得比往年好多了，多了两万多元收入。"（MY-R09，本地村民，2018年6月8日）

（4）推动乡村业态创新。合作社引导村民根据自身资源选择合适的项目，致力于在社区内部搭建多元化的业态组合，形成互补的商业合作项目。这不仅为社区新老村民提供了更广泛的创业网络，而且在良性竞争的环境下促进了有效的合作，实现资源互补。

"合作社会提醒新老村民注意项目的多元化，根据他们自身的场地条件和资源来推荐合适的项目，新村民和老村民项目是交错开的，一起丰富这个村内的业态……我们引导村民创业方式不要雷同，劝村民不要内卷……带村民去看其他项目的操作，拓宽大家的视野；今年开始筹建整村运营公司……合作社还有明月村的各种独立经营业态也结合起来，大家互相结盟一起打造明月文旅……游客可以进入明月村消费不同的项目进行集章……"（MY-R01，本地村民，合作社成员，2023年8月5日）

2. 生态层面

聚焦生态领域，明月乡村旅游专业合作社致力于增强社区成员的环境责任感与可持续价值观。合作社携手新村民，引领本地村民积极投身生态农业，探索绿色发展的新路径。同时，合作社积极联合政府、环保企业以及村委会等多方力量，共同发力，全方位提升社区成员的环保意识。

（1）联合新村民共同推广生态农业。合作社积极引入新村民，为社区搭建起推广生态农业与低污染耕作的共享平台。蒲江县水果产业优势显著，盛产耙耙柑、红心猕猴桃等特色水果，这些水果凭借优良品质深受市场青睐。然而，部分水果种植高度依赖农药，这在一定程度上对生态环境造成了破坏。专注于生态技术的新村民敏锐地捕捉到了生态领域的创业契机。他们联合部分老村民，共同创立了生态小农联盟，大力推广低污染种植技术。新技术显著减少了对化学农药的依赖，有效降低了农产品中的重金属含量。同时，生态种植模式提升了果实品质，使本地农产品价格大幅提高。项目不仅实现了持续的经济效益，还让平台成员深刻认识到环保的重要性。

一些热衷于生态种植的本地青年也在其中发挥了重要作用。他们秉持生态理念，采用有机肥和生物多样性修复技术，在土壤修复方面取得了显著成效。这些成果为村民们带来了实实在在的益处，吸引了更多村民主动加入生态农业的行列，共同推动乡村生态农业的可持续发展。

一位返乡创业的本地村民提道："我们做这个生态种植，主要是因为在土壤方面，大部分人一直以来长期大量使用化肥，导致土壤的有机质含量很低，土壤里面好的那些东西都流失了，所以我们通过全程有机肥，以及生物的多样性去恢复和修复土壤缺失的这些东西，包括有机质，还有那些有益的微生物菌和生物酶，这样最终产出的橙子很健康有机，对土壤也是一种修复保护。"（MY-R04，本地村民，生态果园主理人，2023年8月6日）

（2）垃圾分类处理，提升环保意识。合作社成立伊始，便将村庄环境的可持续发展置于重要位置，明确提出禁止大巴车驶入村内，以防止其压坏道路和减少尾气排放对环境的污染。针对农村垃圾处理难题，合作社倡议推行垃圾分类处理，并积极对接外部环保企业入驻，通过村委会及社区能人的引领与带动，激发村民共同参与实践。例如，奥北垃圾回收站的建立，不仅为垃圾分类回收提供了专业平台，还通过成立社区晨跑捡垃圾志愿队、举办垃圾回收培训讲座等形式，凝聚了村集体与其他外来企业家的力量，共同落实社会服务项目。

一位合作社成员表示："我们学习国外的跑步捡垃圾活动，开展了一个垃圾分类和晨跑活动结合的活动，就是为了做好社区内部的垃圾管理工作……比如我们在晨跑中引导小朋友捡垃圾，成立一个晨跑小分队……会根据他们的成果来进行奖励，大家积极性高涨，村内的垃圾分类做得很好，也在小朋友心中种下了环保的种子……一直到现在，为延续晨跑小分队，还开展了明月环村跑活动串联社区生活。"（MY-N03，新村民，合作社经理/民宿创业者，2023年8月4日）

合作社在生态领域的价值创造不仅提升了社区成员的生态意识与环境意识，还强化了新老村民之间的协作网络，促进了废物资源化利用以及生态农业的延伸发展，持续推动可持续社区建设。

3. 文化层面

明月村自发展之初便被赋予"国际陶艺村"的独特定位，并吸引了大量陶艺工作者、艺术家等进驻。外来创业者也充分利用富有地域特色的民居环境，将艺术创作融入乡村发展实践，形成社区层面持续的文化更新。

（1）注重文化传承与创造性转化。合作社十分注重乡村文化的多重价值，将艺术、旅游与本地传统手工艺相结合，以塑造明月村独特的文化IP。例如，明月村的笋干以及植物扎染服饰等特色产品，都被统一纳入村庄品牌体系。在合作社的引领下，这些产品不仅获得了品牌效应，还让农产品和传统技艺得以代代相传。通过这种集体协作的品牌实践，农村资源被成功转化为经济效益，当地的手工艺技艺也得到了有效的传承与弘扬。

合作社在文化领域的探索与实践，极大地提高了本地村民对文化价值的重视。例如，一位返乡青年传承和发扬扎染这一传统手工艺，并通过植物扎染吸引了很多消费者。这一创新举措将文化资源转化为经济收益，并促进了当地传统文化的保护。

在访谈过程中，这位扎染文化体验主理人提道："明月村以前就有做扎染的，在历史文化上面，我们这个村落拥有深厚的扎染和陶艺的文化积淀，有了化学染（工厂中的化工印染）之后，这种很繁复的植物染色（天然上色）渐渐就没有人去从事了。我本是学服装设计的，当时从远处看到阳光房这里刚开始做植物扎染，我就想要返乡自己做植物扎染，加上我服装设计的经验，能传承并且创新我们的扎染。"（MY-R03，本地村民，扎染文化体验主理人，2022年11月3日）

（2）加强社区公共空间的营造，提升社区文化氛围。合作社着眼于长远的文化发展，与项目组、地方政府共同推动乡村公共文化空间建设。同时，明月村积极吸引知名艺术家入驻，成立传统文化研究会，推出明月大讲堂、明月夜校等文化活动，搭建起新老村民文化交流的平台，推动社区文持续更新。

曾在明月村乡村研究社工作的被访者提道:"我们的工作非常有价值。政府出资建设农村公共文化空间,增强农村文化认同感。我们需要进行农村文化史研究,通过讲座和夜校宣传当地文化,并邀请一些外国艺术家在农村创作艺术景观。"(MY-G01,新村民,明月村乡村研究社成员,2022年11月4日)

在合作社及项目组的引导下,社区大力推进新老村民的融合教育,并组织了一系列文化艺术活动,如春笋节、中秋诗歌音乐会等,不仅丰富了村民的文化生活,还增强了社区的文化凝聚力。此外,社会企业还出版了多期《明月村》杂志和《明月诗歌集》,记录和传播社区的文化故事,进一步提升了社区的文化影响力和认同感。

一位新村民提道:"我们每年都筹办中秋诗歌音乐会和春笋节。现在中秋诗歌音乐会和春笋节是村内最盛大的本土节日,新村民、老村民都会加入进来表演节目,比如守望者乐队、明月歌舞团,都来贡献力量。"(MY-N07,新村民,民宿/乡村咖啡店店长,2023年8月5日)

综上所述,以明月乡村旅游专业合作社为代表的集体社会创业组织,在经济、生态、文化等多个领域积极开展社会创业实践。这些实践不仅创造了显著的经济价值,还最大程度地实现了社会价值的创造与提升。具体的社会价值导向见表6-1。

表6-1 明月村社会创业实践及其社会价值导向

领域	社会创业实践	社会价值导向
经济	为本地相对贫困的村民提供就业岗位;为村民提供创业指导;以高于市场的价格收购农产品;鼓励村民入股获取分红收益等	带动本地村民就业增收;为本地村民提供免费培训;提升本地农产品附加值;推动乡村业态创新
生态	构建农户互助平台,帮助农户学习低污染的种植技术;关注社区生态环境,推进垃圾分类等	推广生态农业种植技术;提升社区居民的环保意识
文化	邀请专家学者、新老村民代表举办讲座及公益培训;举办春笋节、中秋诗歌音乐会等文化活动	文化传承与创造性转化;加强社区公共空间营造,提升社区文化氛围

二、合作共享促进集体协同

明月乡村旅游专业合作社在多个领域的社会创业实践体现了多主体之间的协同。这种集体协同的实现，主要得益于两个方面的推动。

1. 合作共享氛围的营造

合作社积极倡导社区内部的资源共享，搭建了一个涵盖信息、知识与资源的共享平台，引导新村民与当地村民相互分享各自的知识、技能和创业资源，从而孵化出更多发展机会，推动社区共同进步。例如，合作社建立了信息分享社群，向所有经营者实时传播有关日常游客需求和预订床位数量的信息，鼓励村民之间相互配合、共同参与旅游接待工作。这一举措有效解决了游客流量高峰时期可能出现的无序竞争和客源争夺问题，缓解了旺季客源争夺的矛盾。通过这种方式，社区内部逐渐形成了浓厚的集体协同氛围。居民不再各自为政，而是通过平台实现了统筹协调，形成了一个紧密的合作网络。在这个网络中，每个经营主体都休戚与共、一荣俱荣、一损俱损。

正如合作社经理所述："我们的合作社是村民们分享和合作的平台。例如，我们建立了一个微信群，如果游客来了，我们会在群里安排一些民宿来接待他们。我们还鼓励村民之间进行合作，例如共同参与旅游接待……在明月村，业主之间没有竞争；我们提倡的是合作与互补。当游客来到这里时，他们有各种需求，只有通过不同业主的合作才能满足这些需求。"（MY-N03，新村民，合作社经理/民宿创业者，2023年8月4日）

此外，合作社还积极牵头组织各类活动，为新老村民搭建交流与互动的平台。通过这种面对面的沟通与协作，不同主体之间增进了相互理解与信任，社区内部氛围更加融洽。在此基础上，各方更愿意在项目中明确分工、紧密合作，这种积极的合作态度进一步促进了集体协同的形成，为社区的共同发展奠定了基础。

2. 合作共享制度的明确

合作社建立了制度化的共享机制，通过利益共享机制进一步巩固了社区集体利益纽带。合作社成立之初，村集体、入股村民和地方政府各占1/3的股份。其经营利润按照既定比例进行二次分配：股民和村集体各获得1/3的收益，而地方政府原本应占的1/3利润则留在村内，作为集体发展基金。这意味着大约2/3的利润由全体村民共同享有，并统一用于村庄建设和公共项目。年底分红让参与合作社的村民都能从中受益，极大地激发了大家参与乡村旅游发展的积极性。在这种机制下，个人利益与集体利益紧密相连，村民形成了命运共同体，共同关注社区的长远福祉。

由此可见，明月村的社会创业实践成功整合了政府、村委会、村民和外部企业的力量，形成了互利共赢的合作模式，推动了经济、生态和文化等多领域的发展。在这一过程中，集体社会创业组织（即明月乡村旅游专业合作社）发挥了主导作用，政府、村委会、新村民提供了必要支持。合作社引导新老村民自主管理，建立了合作共享机制，实现了有效的集体协同。同时，明月村的社会创业实践兼顾了经济与社会价值的双重导向。通过引导参与者挖掘非经济领域的创业机会，乡村社区的福祉得到了显著提升。集体社会创业组织不仅为本地村民提供了就业和创业机会，还为外来人才创造了广阔的发展空间，促进了各方主体之间的资源共享和利益共赢，实现了多主体的凝聚合作，最终推动了乡村的可持续发展。

第二节　竹艺村：合作社链接的协作网络

道明巧妹子竹编专业合作社成立于 2014 年，专注于竹编产品的制作、销售以及非遗技艺的传播。目前，该合作社拥有 50 余名高级竹编技师，并与 300 余名合作社社员紧密合作，形成"公司＋基地＋农户"的生产模式。通过"大户带动散户"，合作社整合资源，开展规模化销售，年均带动 1500 人次灵活就业。合作社积极履行社会责任，优先为残障人士、留守妇女及老人提供培训机会，助力其技能提升与社会融入。凭借其创造的经济价值与社会价值，合作社于 2020 年被四川省政府评为"文化、体育与艺术"领域社会企业。

不同于明月村以合作社为主导的整村旅游运营模式，竹艺村的旅游发展呈现出两大层级结构。在第一层级，地方政府发挥主导作用，通过崇州文旅集团等外部企业的资本与管理经验，整合本地文旅资源，推动文旅开发。第二层级则聚焦社区发展逻辑，竹艺村作为村民生活与创业的空间，依托乡村企业构建创业联盟，由村委会引导、社工组织协同，形成社区主导的本土发展网络。在这一社区协同体系中，道明巧妹子竹编专业合作社专注于竹编产业，以竹编工艺为依托发展旅游与文化创意产业，通过其社会使命和影响力，促进经济与社会效益的提升。其社会创业实践主要集中在构建互助合作网络的产业联盟、促进弱势群体包容性发展的组织体系以及非遗文化传承三个关键层面。

一、产业联盟：构建互助合作网络

在竹艺村，道明巧妹子竹编专业合作社通过构建产业联盟和资源整合平台，推动竹编产业的组织化转型与可持续发展，有效改善了竹编散户的创业环境和生计水平。作为核心推动力量，该合作社联合本地竹编大户，采用"公司＋基地＋农户"的模式，建立起覆盖村域的生产协作网络。

具体而言，合作社以"大户带动散户"的方式，组织并联结了超过100户家庭竹编手艺人，开展有序生产，带动近千人就业，实现了灵活就业与技能增收的有机结合。合作社不仅整合内部资源，还与其他竹编协会及手艺人建立稳定的利益联结机制。借助集体统筹和市场对接能力，合作社为散户统一开拓外地销售渠道，提高了散户的生产效率和议价能力。在这一组织体系中，散户通过联盟合作共享信息、分配订单、互补资源，形成了以社会企业为核心的生产协同网络，显著增强了整体的抗风险能力，提高了市场响应速度。

一位合作社成员表示："村内一些竹编散户小户通过我们联合起来，和三家大户抱团，以杨隆梅姐姐为核心做一个商业合作。整合起来以后，我一个资源甩到一个对接口子，然后再去调整对接，可以高效率获得订单并完成订单。"（ZY-R08，本地村民，合作社成员，2023年8月15日）

随着乡村旅游的蓬勃发展，道明巧妹子竹编专业合作社积极围绕竹编产业推动乡村景观建设，并开展研学、非遗体验等多元活动。在崇州文旅集团的整合对接下，外部创新业态纷纷涌入，为社区带来了先进的技术、优质的服务和创新的理念。受此影响，合作社也与社区内其他企业建立商业与人才联盟，帮助村民融入社区旅游发展，推动村民参与社区共建共享。

一位竹编工坊主理人指出："乡村文旅发展也需要能力的培育，村民一开始没有这种综合能力支撑，这就需要我们通过示范项目进行带动。比如给一个项目做竹编景观，我们会引导村民将自己的手工艺优势转化为在地IP，去打造他们心中自己的乡村，让他们感受到自己的价值——这是我们工作的一个重心。"（ZY-R02，本地村民，竹编工坊主理人，2023年8月17日）

二、组织体系：弱势群体包容性发展

道明巧妹子竹编专业合作社积极聚焦社区内部的弱势群体，涵盖残疾人、年长手艺人、留守妇女以及无业家庭主妇等，为这些群体提供了稳定的劳动岗位以及有针对性的技能培训。通过竹编手工技艺的传承与再生产实践，这些弱势群体得以在本地实现灵活就业，不仅获得了稳定的经济收入，还在这一过程中显著提升了自我价值认同感与社区参与度。该合作社所构建的以"劳动赋能"为核心的协同机制，有效推动了弱势个体融入社区生产体系，进而构建了一个更具包容性的本地社会结构，为社区的可持续发展与社会凝聚力的提升奠定了坚实基础。

合作社的主要负责人表示："带动就业肯定是我们（合作社）的社会价值。有很多残疾人、留守妇女，还有一些返乡的青年，他们回来以后首先要有稳定的事做，我们的手工艺是可以为他们提供这样的机会的。在提供这些就业岗位时，其实我会考虑那些就业困难的人，比如残障人士，还有那些根本没法离家的宝妈之类的人员。"（ZY-R07，本地村民，合作社负责人/非遗传承人，2025年3月28日）

在合作社工作的员工也得到了充分的尊重，并对竹编手工艺、家乡文化展现出了强烈的自豪感。"我毕业时学校分配了蜀绣的工作，我们的老师挺有名的，是国家级非遗传承人。但是我学出来转正后工资太低，学的东西其实很难被认可，很多（消费者）不买单……我在家做竹编手艺，离家近，景区内的人也很喜欢道明竹编，大家都觉得这是一项很让人骄傲的手艺，而且我现在每个月的工资也挺高的，除了社交圈窄点，其他都很满意。"（ZY-R06，本地村民，合作社成员，2023年8月16日）

合作社高度重视女性成长与发展，通过与外部组织的深度协作，构建了一个以女性互助与价值共创为核心的网络。以该合作社与四川省妇女手工编织协会的合作为例，双方围绕非遗技艺的传承以及女性就业问题开展了一系列联合行动。这种合作模式不仅为女性群体提供了丰富的再就业机会，还激发了传统技艺在当代的创新表达与市场潜力。

此外，社区内的文创体验空间作为社会创业的延伸场域，与妇联"妇女之家"、社工组织等协同开展了一系列公益性文化活动，如插花课程、中医义诊等。这些活动旨在引导村民树立健康、可持续的现代生活理念，进一步丰富社区的文化内涵。通过这种"软性文化建设"与"硬性就业支持"的有机结合，社区营造出更加多元、互助与共融的氛围。

"咱们小院有一个项目，小院是成都市妇联社妇女之家的示范点位，我们跟社工组织开展合作活动……他们有自己的乡村治理活动，我们作为场地方，提供包括点位和一些物资，合作开展插花活动或者中医义诊活动，服务当地村民，引导大家养成健康的养生体验和生活方式。"（ZY-N07，新村民，餐饮/文化体验店主理人，2023年8月20日）

竹艺村的社会企业通过推动包容性发展与多方资源联动，持续为弱势群体赋权，显著提升了社区整体的社会融合水平。道明巧妹子竹编专业合作社作为核心社会企业代表，其组织机制与实践行动深度嵌入社会价值目标，以就业支持和机会共创为手段，积极回应社区中存在的结构性不平等问题。

三、文化传承：非遗手工艺价值再造

道明巧妹子竹编专业合作社以道明竹编这一非遗为核心载体，致力于持续传播非遗的现代价值。通过构建多层次、多形式的文化传播渠道，该合作社推动传统技艺与现代生活的有机融合，吸引年轻人学习非遗技艺，助力手工艺的传承与发展。

一方面，社会企业围绕传统竹艺展开文化振兴实践，通过培训、创作与市场链接等方式，激发年轻群体参与非遗文化的热情，提升传统手工艺在当代社会中的认同度。以竹编合作社为平台，不仅吸引了具有设计思维的年轻人加入，还鼓励了当地青年学习竹编技艺，将非遗与产品设计、生活美学相结合，让传统文化在现代社会中"活"起来。"需要不断地让年轻人加入进来，我觉得有年轻人加入进来，就感觉非遗好像活过来了。"（ZY-R02，本地村民，竹编工坊主理人，2023年8月17日）

同时，合作社常态化开展辐射成都周边地区的"非遗进社区""非遗进校园"等特色活动，进一步扩大了非遗文化的影响力。此外，通过个性化定制、跨境电商等创新方式拓展竹编产品销售路径，在满足商业需求的同时，实现了文化传播与经济增益的双重价值。合作社还将道明竹编的"展示窗口"拓展至抖音、快手等互联网平台，通过"线上+线下"多渠道向群众普及竹编常识、讲解竹编专业知识、教授编织技巧，并鼓励大家动手创新。

另一方面，在合作社的积极推动下，竹编文化深度融入文创、节俗与农耕生活，以探索竹文化与地方习俗、节庆礼仪的融合路径。例如，在端午节期间，合作社组织制作以竹元素为主题的香囊、文化茶饮以及土布餐具，将传统文化与当代生活场景有机结合，推动非遗文化融入日常。"传统文化其实最终是从乡村出来的，但现在我们回到乡村看，看不到任何关于传统文化的痕迹……我们就尝试创建一个手工生活体验馆，将传统文化渗透到生活与文创里，竹编文化在地文化可以去用，还有乡村农耕的东西结合当地农民生活习惯以及民俗尝试着去做一些结合，比如说端午香囊、文化茶饮和原生态的土桌餐布等。"（ZY-N07，新村民，餐饮/文化体验店主理人，2023年8月20日）这种文化再造的过程，不仅增强了居民的文化参与感，也显著提升了游客的文化体验质量，使竹编文化在传承中焕发出新的活力。

综上所述，以道明巧妹子竹编专业合作社为代表的集体社会创业组织，围绕竹编产业与乡村旅游积极开展社会创业实践，其社会价值导向见表6-2。

表6-2　竹艺村社会创业实践及其社会价值导向

领域	社会创业实践	社会价值导向
产业	户帮小户，提升散户凝聚力；成立企业互助平台，增获市场资源；鼓励村民入股获取分红收益等	建立产业互助网络；形成商业联盟
组织	培训并优先雇佣弱势群体；关注女性发展，协商利益相关者，实现价值共创	降低社会排斥；为弱势群体赋权
文化	传播非遗文化，将非遗融入商业生活需求，提升非遗手工艺的现代价值；培育非遗传承人	非遗文化传承；拓展文化产业体系

总体上，道明巧妹子竹编专业合作社作为社会企业，在产业内部展现出较强的组织关系性和社区链接能力。该合作社以合作互助为核心经营模式，在竹编大户的引导与支持下，农户自愿联合组建合作网络。虽然管理结构相对松散，但成员之间基于共同的产业利益形成了高度紧密的协作关系。作为社区内部的重要组织节点，社会企业在产业资源整合与网络部署中发挥了关键作用。特别是在竹编相关群体中，合作社能够有效培育和汇聚集体资本，构建起产业组织与社区关键资源持有者之间的互动平台。这不仅增强了产业体系的整体协调能力，也为村庄治理提供了有力支持，使社区在面对发展转型时能够以较高的组织性实现资源共享与目标协同。

第三节 机制分析：社会创业如何促进集体协同？

本研究通过对成都市两个典型的乡村旅游地——明月村与竹艺村的比较研究发现，两个乡村的合作社（明月乡村旅游专业合作社和道明巧妹子竹编专业合作社）均秉承社会价值导向开展实践，但在发展模式上呈现出差异化路径。明月村以合作社为主导，构建社区内部的合作共享氛围以及制度化的利益分配机制，实现村集体、本地村民、新村民等多主体的协同；而竹艺村则依托能人引领的互助网络与弱势群体赋权机制，形成了涵盖生产及生活体系上的集体协同。这证实了社会创业实践的有效开展离不开集体协作网络的支持，同时也引发了两个亟待深入探讨的理论命题。

其一，以合作社为代表的集体组织如何在乡村旅游场域中突破单一经济功能，通过社会价值嵌入演变为社会企业？

其二，集体社会创业组织通过何种机制突破集体行动困境，并推动多主体之间的协同？

这两个问题背后，蕴含着集体社会创业在组织层面的动态演化，以及由此引发的社区层面关系网络的变迁。在制度复杂性与农村结构性约束的背景下，社会企业通过主动寻求监管认可、建立规范制度与争取社区信任等多种方式，逐步实现了合法性从缺失到确立的转变。在此过程中，企业家不仅增强了组织自身的生存能力，还拓展了社区的内外部关系网络，构建了更加紧密的社区内外部联系，促进了社区社会资本的不断积累与持续更新。组织层面的动态演化与社区层面的动态变迁相互作用，最终推动了社会创业实践的有效开展，实现了集体协同的目标。

一、组织动态演化：合法性的建构

1. 合法性的概念

合法性作为制度理论的核心概念，为解析社会企业在乡村旅游场域的运作机制提供了关键视角。马克·C.萨奇曼（Mark C. Suchman）将合法性定义为社会对某一实体行为在特定制度框架内可接受性的广泛认同[203]。在此基础上，Scott进一步将合法性划分为三种类型：规制合法性、规范合法性和认知合法性[204]。其中，规制合法性强调通过法律体系与行政监管获得法定授权;规范合法性植根于社会规范与道德伦理的约束机制;认知合法性则源于组织内外部成员共享的文化认知模式。

在乡村旅游发展的特定情境中,集体社会创业组织面临着独特的合法性建构需求。这类组织肩负着实现经济收益与社会价值双重目标的使命,这一特质使其在平衡市场力量、股东期望与社会使命时面临巨大挑战[205]。随着中国乡村振兴战略的深入推进,乡村集体社会创业组织需要在三个层面获取合法性:首先,在规制合法性层面,需响应国家战略,通过开展扶贫、美丽乡村建设等项目获得行政层面的认可;其次,在规范合法性层面,需遵循乡村差序格局下的道德伦理,深度嵌入地方社会关系网络与乡土社会规范;最后,在认知合法性层面,需完成社会价值的实践转化,使本地村民在观念层面认同其社会创业实践。

然而,多重制度逻辑的交互作用可能引发"制度兼容性困境"[206],进而限制社会创业组织在社区中的作用[207-208]。尤其是在乡村旅游目的地,季节性波动、生态承载压力和文化商业化等问题可能进一步加剧旅游社会企业的合法性危机[209-210]。虽然集体社会创业可能面临更大的合法性压力,但既有研究指出了集体社会创业组织的合法化构建路径,并强调合法性的获取不仅有助于获得政治庇护,还能有效提升企业的资源动员能力[211]。这一观点为理解组织演化与制度环境的互动机制提供了重要的理论支点。

2. 从低合法性到高合法性的转变

明月乡村旅游专业合作社和道明巧妹子竹编专业合作社在成立初期,均因合法性不足,而未能获得村民的充分认可,其创业活动也面临诸多挑战。以明月村为例,乡村旅游合作社在成立初期并不被村民接纳。村民的顾虑主要源于当时明月村的旅游收入有限,他们对能否获得分红持怀疑态度;此外,成立合作社需要雇佣专业人员,这无疑会增加额外的管理成本。面对这些质疑,合作社首先需要通过建立正式的分红制度和专业的管理体系,向村民传递其可信的信号,提升其合法性。合作社经理表示:"刚开始的时候,缺乏信任是一个大问题。村民、股东,甚至村集体对我们的合作社都没有完全信任。这就是为什么我们为职业经理人设立了专门的制度。比如,规定每年应酬费用的上限为12000元,超过的部分由我们自己承担。此外,我们将所有的财务和制度信息公开,让村委会和村民看到我们赚了多少钱、花了多少钱。"(MY-N03,新村民,合作社经理/民宿创业者,2023年8月4日)

与此同时,合作社积极主动地寻求政府支持。随着乡村振兴战略的深入推进，合作社凭借其契合政策导向的发展模式，于2018年成功获评国家农民合作社示范社。此后，因其突出的社会价值导向，合作社于2019年进一步获得四川省政府的社会企业认证，取得了较高的规制合法性。这为社会企业提供了在法律框架内开展创业活动的坚实保障，尤其在社会创业的初期阶段，这一合法性基础发挥了至关重要的作用，为企业的稳健发展奠定了根基。

在此基础上，合作社进一步追求规范合法性与认知合法性。通过主导"明月夜校""明月大讲堂"等公益活动，增进村民的参与感与归属感，逐步引导村民将合作社从"你们的合作社"转变为"我们的合作社"。这一认知上的转变，不仅成功化解了初期的信任问题，也推动了社区层面的价值共识生成。一位合作社成员提道："村民们曾经把合作社看作'你们的'合作社。我会在活动中向他们逐一解释，告诉村民合作社是'我们的'。我们赚的钱越多，社区的福利就会越好。村民的顾虑解除了，也会更加支持和配合我们的工作。"（MY-R02，本地村民，返乡创业者/合作社成员，2023年8月5日）

由此可见，明月乡村旅游专业合作社通过在不同层面获取合法性，成功实现了从低合法性到高合法性的转变，使其组织从普通创业企业逐步发展为经过认证的社会企业。类似的演变过程也发生在竹艺村的道明巧妹子竹编专业合作社。在合作社成立初期，散户对于是否加入合作社持观望态度。合作社创始人之一提出"派单优先权"的创新机制，既保障了成员享有市场订单的优先分配权，又赋予了其自主接单的灵活性。这一机制通过收益共享突破了集体行动的初始困境，为合作社的成立奠定了坚实基础。

此外，合作社员工对道明竹编的传统认知也一度成为阻碍。他们不愿意学习新的生产方式，认为道明竹编应当专注于实用器具，而非艺术装置。直到合作社通过实际成果向他们展示竹编艺术所带来的溢价价值，他们才逐渐转变观念并开始接受。正如合作社主理人所述："刚开始是最难的，老一辈的竹编技术工人不愿意改变，他们觉得编个筐、篮子就很好，编这些小东西很费时。后来他们看到了竹编艺术品的价值，也愿意做了，而且他们发现这比以前编那些粗糙的东西省力多了。"（ZY-R07，本地村民，合作社负责人/非遗传承人，2025年3月28日）

与此同时，道明巧妹子竹编专业合作社也在积极追求多层面的合法性。其中，最具代表性的举措是雇佣残障人士从事竹编生产，为他们创造稳定的收入来源。此外,合作社还联合社会组织、残联等机构共同发出相关倡议。通过这些努力,合作社在2020年获得了四川省政府的社会企业认证,从政府层面获得了坚实的规制合法性基础。在此基础上,合作社还通过积极参与社区活动、深度嵌入社区治理体系,以及广泛传播道明竹编的传统技艺与文化,进一步提升了其在社区中的认知合法性。这些举措不仅增强了合作社的合法性地位,也使其在社区中获得了较高的认同感和公信力。

综上所述,集体社会创业组织的合法性建构呈现出显著的动态演进特征。组织的社会价值导向、社区嵌入程度以及对制度的响应能力三者相互作用,成为推动集体社会创业组织持续发展的核心动力。在乡村地区,面对复杂的结构性限制和制度环境,集体社会创业组织的合法性建设首先需要符合法律框架和行业标准,建立清晰的正式制度与规范。在此过程中,社会创业者通过灵活调整策略,逐步构建规范合法性(如满足利益相关者的期望)和认知合法性(如获得文化价值认同)。从低合法性到高合法性的转变,不仅增强了地方政府和社区居民的信任,还为组织调动资源、推动社会创业实践奠定了坚实基础。

二、关系网络拓展:社区社会资本的积累

(一)社会资本的概念

在合法性追求过程中,集体社会创业组织不仅增强了自身的制度基础,也借此整合和拓展了社区的内外部关系网络,进而丰富了社区的社会资本。

从学术研究的脉络来看,对社会资本的理解既可以聚焦个体层面,也可以着眼于集体层面。个体社会资本主要体现在个人通过其社交关系和网络结构所能够获取的资源。例如,詹姆斯·S.科尔曼(James S. Coleman)将社会资本定义为通过人际关系网络所获取的资源集合[212]。与之相对,集体社会资本则更强调群体内部积累的社会联系和相互信任。罗伯特·D.帕特南(Robert D. Putnam)的一系列研究,如《使民主运转起来:现代意大利的公民传统》(*Making Democracy Work: Civic Traditions in Modern Italy*)和《独自打保龄:美国社区的衰落与复兴》(*Bowling Alone: The Collapse and Revival of American Community*),则是聚焦集体社会资本的典型代表。这些研究揭示了社会资本在群体层面的重要作用,尤其是在促进群体凝聚力和信任方面。

社区社会资本更侧重于集体层面的表现形式，可被视为一种能够有效促进社区发展的关键资源[213]。Putnam将社会资本细分为团结型（bonding capital）和桥接型（bridging capital）两种类型[214]。团结型资本是指相对同质群体内部联系与信任的加深，通常存在于同质化群体中，对于群体内信任和规范的建立至关重要；而桥接型资本则指相对异质群体之间联系的增多，它如同纽带一般连接着不同的群体，使不同群体能够分享和交换信息、资源，并帮助协调不同利益主体的行动。在后续研究中，社会资本的分类进一步细化，被划分为三种类型：桥接型资本、团结型资本和连接型资本（linking capital）[215]。其中，连接型资本是一种特殊的桥接资本，它通过跨越不同群体，连接拥有不同权力的个体，从而在更广泛的层面促进资源的整合与流动[216]。

社会资本的概念为理解集体社会创业组织如何通过社会网络动员资源、实现多主体协同提供了一个重要视角[205]。社会资本反映了创业组织可调动的社会资源，而这些社会资源能够促进利益相关者的参与，进而推动社区内部合作。在一些社会资本较为丰富的乡村地区，往往形成了通过"集体"解决问题的传统[217-218]，这表明社会资本的积累有助于促进集体协同。在集体社会创业中，集体组织通常需要与不同参与者建立广泛的社会关系以实现协同合作。因此，社会资本的积累及转化在其中发挥着至关重要的作用。

（二）从低社会资本到高社会资本

在旅游业兴起之前，明月村和竹艺村均为典型的贫困村，大量村民外出到城市务工，致使村落出现显著的"空心化"现象。社区社会资本处于较低水平，表现为内部凝聚力不足，且获取外部资源的渠道有限。然而，随着旅游业的蓬勃发展以及竹编手工艺的复兴，社区社会资本水平得到了显著提升。尤其是一些具有社会价值导向的创业实践，不仅持续引入了外部资源，还促进了本地居民与外来创业者、社会组织等建立不同程度的联系。关系网络的不断拓展，推动了社会资本从低水平向高水平转变。

1. 桥接型社会资本

桥接型社会资本，即对外部关系的整合能力，在两个社区均呈现出显著的变化。在明月村，随着项目组的进驻，大量新村民，即外来创业者涌入并与当地合作社共同推动乡村发展。这些新村民多为各专业领域的社会精英，他们凭借自身丰富的社交网络，通过朋友圈宣传、社群传播等多种方式，显著提升了明月村的知名度，吸引了大量外部游客、投资者和品牌资源等流入村庄。正如项目组负责人所述："明月村最早是在微信朋友圈火起来的，当时第一批来到这里的艺术家在他们的朋友圈上推广，大家才开始知道蒲江县有一个明月村。"（MY-N01，项目组负责人，2018年6月10日）

值得关注的是，这些新村民不仅带来了外部资源，还展现出较高的社会价值导向。他们在创业过程中主动利用自身社会资源，帮助社区建立与外部的联系。一位当地知名民宿的员工表示："我们的老板有很大影响力……可以为社区提供很多合作机会。这个月我们就要举办一个活动，全国各地的50多个手工艺品牌都会过来。这些活动会让更多人了解这个村子。"（MY-N20，新村民，民宿员工，2023年8月8日）

在竹艺村，桥接型社会资本的提升同样显著，主要体现在多元主体对外部异质资源的整合能力上。2013年，中央美院的专业介入开启了村庄的转型进程。此后，崇州文旅集团主导乡村旅游发展，通过建设"竹里"等标志性建筑并引入市场化运营机制，成功吸引了建筑师、设计师等创意人士入驻。在多方主体的共同努力下，竹艺村的本地居民和合作社与外部的关系网络联系不断深化，为旅游产业和竹编产业的持续发展奠定了坚实基础。

2. 团结型社会资本

集体社会创业组织通过优先满足本地居民在就业、生活与技能培训等方面的需求，有效促进了社区内部成员间的认同感与信任关系。在此过程中，社区内部不同主体之间频繁而紧密的互动，推动了团结型社会资本的持续积累。以明月村为例，当地的合作社在优先考虑村民利益的基础上，积极开展各类社会创业活动。这些举措不仅加强了社区内部的合作与沟通，还显著提升了社区的整体凝聚力。一位加入合作社的老村民表示："作为合作社的一员，我们有着共同的利益，必须团结一致，共同推广我们的农产品，比如竹笋和柑橘等。新村民们也给予了我们很多帮助，大家都希望村子越来越好。"（MY-R08，本地村民，农业种植者，2023年8月8日）

这种紧密的关系网络不局限于生产领域。社会创业者通过与本地村民的互惠合作，增强了社区内部的网络连接。新老村民之间的认同与协作，也逐渐扩展到生活领域。一位受访的老村民说："我们和新村民的关系很好。我家的装修就是他们指导完成的。我们经常一起参加各种活动，互相帮助。"（MY-R09，本地村民，农家乐经营者，2023年8月11日）

类似地，竹艺村的团结型资本也在乡村发展中不断积累，突出表现为本地乡村精英返乡创业并带动村民共同致富。以"丁知竹竹编""杨隆梅工作室""红梅竹编"等项目为例,其主理人多为返乡回流的年轻人,他们的返乡动机多元,有的基于家庭责任,有的则响应政府号召。这些年轻精英返乡后,积极投身于社区发展,通过推动竹编手工艺的复兴,带动村民共同致富,有效增强了社区内部的凝聚力。巧妹子竹编专业合作社的主理人表示:"回来了就要为家乡做点事,我们努力为村民,特别是老人和留守妇女,创造就业和增收机会。虽然收入水平有限,但稳定的收益让他们的生活更有保障。村民们看到实实在在的好处,对我们的工作也给予了大力支持。"(ZY-R07,本地村民,合作社负责人/非遗传承人,2025年3月28日)

这种基于经济合作的互信关系,逐渐扩展到更广泛的社会交往中,形成了紧密的社区内部关系网络,为社区内部的动员及集体协作提供了社会基础。

3. 连接型社会资本

连接型社会资本主要体现在跨越内外部层级所建立的关系网络上。随着社会创业的积极开展,其与多方利益相关者的关系不断得到强化。在明月村和竹艺村这两个社区中,连接型社会资本主要表现为社区与政府、高校、社会组织等不同机构之间的紧密联系。这种联系不仅将外部资源成功转化为社区内部资源,还为乡村发展注入了强大的动力。在中国的制度背景下,政府通常掌握着关键资源。在社会企业追求合法性的过程中,它们往往与地方政府及其他核心角色建立紧密联系,通过与政府沟通,争取人才计划、资金补贴等支持。社会创业者可以利用这些关系来解决社会问题,进而促进社区层面的连接型社会资本积累。

例如,明月村的旅游合作社积极与政府对接,帮助当地手工艺传承人申请政府人才项目。项目团队领导人表示:"我们会尽全力帮助当地的年轻企业家。我们正在努力与政府沟通,争取政策激励和财政支持。现在,我们已经成功帮助几位有才华的工艺匠申请到人才项目,这让他们在明月村开始了自己的事业。这也是我们为实现乡村振兴所做的努力。"(MY-N01,项目组负责人,2018年6月10日)

这些举措进一步提升了合作社在社区的影响力,促进了社区与政府之间的协同联动,并持续将外部资源转化为社区的社会资本。

竹艺村的发展历程深刻体现了连接型社会资本的关键作用。2013年,中央美院的专业团队介入,开启了村庄的转型进程。政府积极发挥桥梁作用，主动连接外部资源，支持本地竹编传承人到中央美院进修学习，从而提升了传统工艺的现代适应性。例如，道明巧妹子竹编专业合作社的主理人曾在政府的支持下到中央美院深造，并与该校建立了长期稳定的合作关系。如今，已有数名中央美院毕业生选择到崇州竹艺村工作，为当地发展注入了新鲜血液和专业力量。

道明镇政府的工作人员表示："政府一直鼓励竹编手艺人和传承人积极'走出去'，支持他们参与国际交流活动。我们这里一些比较知名的传承人已经出访过许多国家，向世界展示了竹艺村的传统工艺。同时，我们也会定期选送他们到中央美院进修，提升他们的专业技能和艺术素养。现在，已经有好几个中央美院的毕业生来到我们这里工作。"（ZY-G01，镇政府工作人员，2025年3月24日）

由此可见，明月村和竹艺村在开展社会创业实践的过程中，通过有效整合内外部社会资源，丰富了社区的关系网络，并促使乡村从"空心化"阶段的低社会资本向高社会资本转化。社会资本的积累增强了社区成员间的凝聚力，提升了社区调动外部资源的能力，从而推动了更有效的社会创业实践。

三、集体协同的形成机制

在乡村旅游发展情境下，集体社会创业组织建立制度规范、推动社区认知转变与争取政策支持，从规制、规范和认知三个层面构建合法性。这一过程不仅巩固了企业自身的合法性基础，还为社区内外关系网络的拓展提供了契机。通过整合外部资源、促进社区内部信任以及链接政府治理体系，集体社会创业组织有效推动了社区团结型资本、桥接型资本与连接型资本的积累，构建了多主体协同机制。这种机制有助于弱化制度障碍、提升社区行动能力，为乡村社会创业的持续发展提供动力。其作用机制如图6-1所示。

在组织层面，旅游发展初期，乡村薄弱的社会资本阻碍了社会创业的资源动员。尤其是在乡村情境下，社会风险与制度规定之间的不兼容竞争需求进一步加剧了合法性挑战[206]。因此，合作社通过"嵌入制度化"来获得规制合法性，主要遵循相关的制度和规定开展社会创业活动[219]。这一阶段，合作社呈现出相对较低的主观能动性水平。随后，随着合作社通过创新发展整合各种资源，持续创造社会价值并获得当地社区的认可，其合法性水平不断提升。更高的合法性使其能够"重塑制度化",表现出更高的主观能动性。

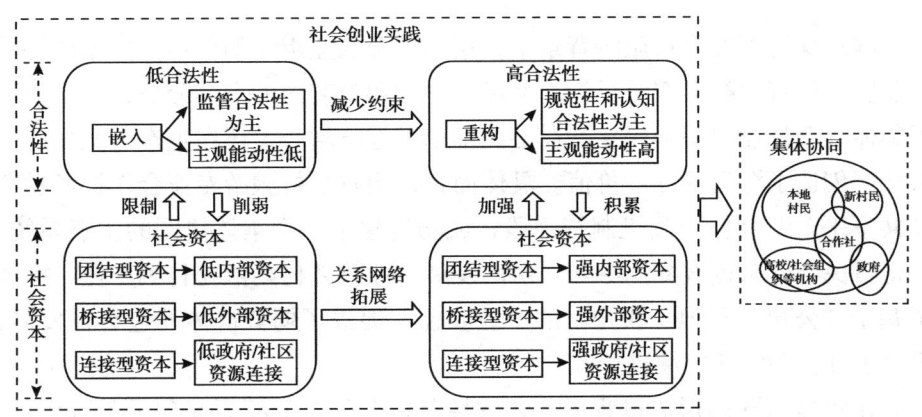

图 6-1 社会创业促进集体协同的作用机制

在社区层面,持续的社会创业实践有效补充了关键社区资源,进而显著增强了团结型资本、桥接型资本与连接型资本。社区内部社会资本的积累进一步巩固了企业层面的合法性基础。集体社会创业通过整合资源与优化关系网络,成功实现了从"低合法性—低社会资本"向"高合法性—高社会资本"的转变,这一转变不仅提升了社区的整体发展能力,还促进了多主体之间的集体协同。

在此过程中,形成了一个以合作社为核心的协作网络,链接了本地村民、新村民、政府、高校及社会组织等多元利益相关者。对于本地村民而言,社会创业通过提供知识和技能培训为个体赋能,显著增强了村民的自信心和集体意识。对于整个乡村社区而言,社会创业进一步强化了本地村民与外来创业者之间的合作,推动了社区内部的协同与创新。因此,社会创业使当地社区与关键资源持有者建立牢固的网络联系,实现了多主体之间的协作,这凸显了集体社会创业组织在乡村旅游情境下的独特行动逻辑。

第四节　本章小结

本章探讨了在乡村旅游背景下，集体社会创业组织如何通过多主体协同机制实现经济与社会双重目标。通过明月村和竹艺村的案例分析，本章揭示了集体社会创业组织不仅在产业层面推动了经济增长，还在生态与文化层面为社区创造了深远的社会价值。具体而言，明月乡村旅游专业合作社通过合作共享平台、利益分配机制等手段，成功构建了一个集体协同的生态系统，使得村民与外来创客共同参与，协同发展。而竹艺村则依托竹编产业，构建了基于"公司+基地+农户"的产业联盟，促进了弱势群体的包容性发展，推动了社会创业的持续进步。

在集体协同的形成过程中，合法性和社会资本的积累起到了关键作用。明月村和竹艺村的合作社通过争取政府支持，不断提升组织的合法性，并逐步建立更为坚实的社会资本网络。这不仅为合作社赢得了村民和外部利益相关者的信任，也促进了社区资源的有效整合与共享。进一步地，本章强调了集体社会创业组织在推动集体协同中的作用机制。合作社通过制度化的协作框架、共同的文化认同和社会资本积累，有效促进了多主体之间的协作与资源共享。明月村和竹艺村的成功实践表明，集体社会创业不仅能够突破单一经济功能的限制，还能通过社会价值的嵌入，增强组织的社会影响力。最终，集体社会创业组织通过多层次的合作和社会资本的积累，成功实现了集体协同，推动了乡村社区的共同繁荣与可持续发展。通过案例研究和机制分析，本章不仅为乡村旅游领域的社会创业提供了理论支撑，也为其他类似地区提供了可借鉴的实践经验。

第七章　集体效能：可持续发展目标下的社会创业结果

集体效能，指群体成员对通过合作达成共同目标的信心与能力的判断。集体效能的提升是集体社会创业组织破解乡村发展困境的关键所在。在乡村旅游地，以集体形式开展社会创业的模式，通过整合当地资源与协调多元主体利益，成功将社区发展的经济与社会目标相结合，为乡村可持续发展开辟了新路径。该模式的有效实践不仅与全球可持续发展议程形成战略对接，还通过地方化实践将联合国可持续发展目标（sustainable development goals，SDGs）与社区生计改善、文化传承及生态治理等具体成果深度融合。在此过程中，集体效能作为凝聚社区力量的关键，直接影响社会创业实践的实际成效，构成推动社会变革与社区可持续发展的深层驱动力。

本章聚焦集体效能，识别集体旅游社会创业的成效，并将其与可持续发展目标相联系，进而分析集体效能在其中的作用。具体而言，本章将构建本地化可持续发展目标框架，结合对明月村和竹艺村的案例研究，明确集体社会创业在不同领域的多重创业结果，并识别集体社会创业推动乡村可持续发展的作用路径；在此基础上，剖析集体效能在其中的作用，并从社区层面的地方再嵌入与个体层面的集体意识重塑解析集体效能的生成机制，为理解集体社会创业成效提供全面的分析框架。

第一节　多重创业结果：基于本地化SDGs框架

一、可持续发展目标的本地化过程

"可持续发展"这一概念首次出现在1987年世界环境与发展委员会的

报告《我们共同的未来》(Our Common Future)中，旨在强调经济、社会与环境之间的复杂关系。此后，国际社会提出了多项关于可持续发展的倡议与政策，其中最具代表性与影响力的是联合国继千年发展目标后提出的可持续发展目标(SDGs)框架(UN，2015)。该框架强调了可持续性的三大支柱，即经济、社会与环境[220]，从新的方法论角度为解决极端贫困、社会不平等以及不可持续的消费模式和环境退化等议题提供了方向[221]。旅游业是最早将可持续性纳入研究议题的行业之一[222]。可持续旅游延续了可持续发展的目标理念[223]，旨在为当地社区提供必要的财政支持，并提高居民生活水平，从而创造经济与社会价值[224]。

已有研究将社会创业视为促进社区可持续发展的重要驱动力，并指出其在实现SDG1（消除贫困）、SDG8（体面工作与经济增长）以及SDG11（可持续城市与社区）等方面具有重要作用[199，225–226]。然而，需要指出的是，全面性的SDGs框架与旅游活动实施的可持续发展举措之间存在一定的差距[227]。乡村旅游地的社会企业面临着特定的社区文化、制度框架与地方资源，需要根据具体情境对SDGs进行本地化拓展[228]。

本研究遵循归纳逻辑，通过对实地调研数据的编码分析，构建适用于乡村旅游情境的本地化SDGs框架。首先，基于明月村与竹艺村的社会创业实践，围绕可持续发展结果，对数据资料进行初始编码，并提取出15个一阶类别；其次，归纳形成与可持续发展相关的二阶主题。在此基础上，对联合国提出的SDGs框架进行拓展，实现本地化SDGs的构建。具体而言，可持续发展目标的本地化操作过程如图7-1所示。

（1）结合社会创业在不同领域的成果，评估其与联合国提出的17个SDGs之间的关联性；结合乡村旅游社区在经济、社会和环境层面的问题与诉求，对可持续发展指标进行初步识别与筛选。根据主题编码分析结果，两个社区的可持续发展成效与SDGs框架中的SDG1（消除贫困）、SDG8（体面工作与经济增长）、SDG11（可持续城市与社区）、SDG12（负责任的消费和生产）以及SDG17（促进目标实现的伙伴关系）具有较高的关联性。

（2）选定利益相关主体，关注不同主体的发展诉求，列出利益相关方与特定可持续发展目标相关的举措，明确其对乡村可持续发展的贡献。在本研究的案例情境中，利益相关者包括社会企业（合作社）、本地村民、外来经营者、村委会、地方政府，以及有合作关系的企业、高校、社会组织等。本研究聚焦集体社会创业组织，重点评估该组织及其联动的利益相关方实现

SDGs 的举措，从而建立社会创业与乡村旅游地可持续发展之间的内在关联。

（3）围绕筛选后的 SDGs，结合利益相关者的贡献，归纳出具有高度影响力的本地化可持续发展目标维度。最终，基于 SDG1、SDG8、SDG11、SDG12、SDG17 五个指标，概念化出五个本地化 SDGs，分别为益贫式发展、体面工作与机会公平、包容共享型社区、再野化生态营造以及互惠共创型伙伴关系。

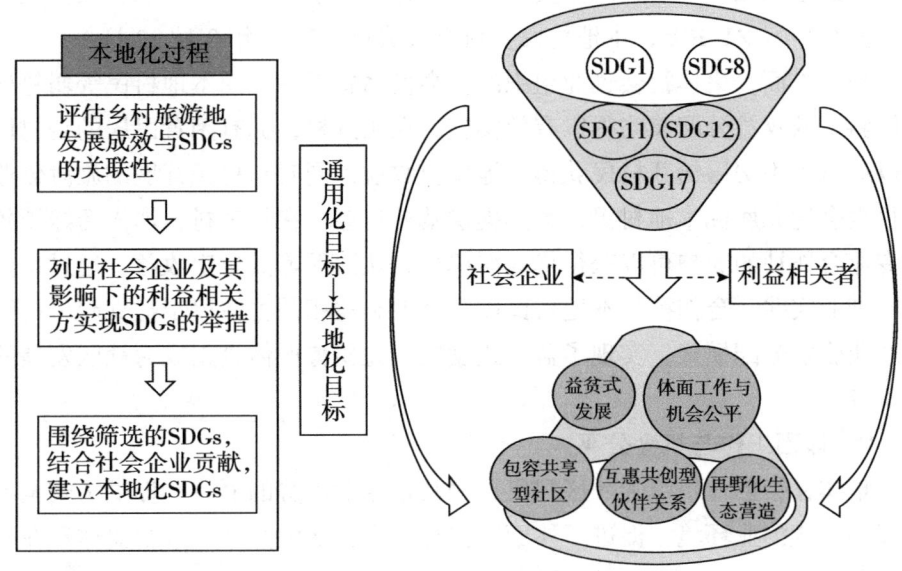

图 7-1　可持续发展目标的本地化过程

二、社会创业的可持续发展成效

1. 益贫式发展

集体社会创业组织高度重视相对弱势群体能否从社区发展中获得更大收益，致力于实现益贫式发展（pro-poor development）。益贫式发展或益贫式增长是一种以贫困人口为核心受益对象的发展模式，强调通过制度创新，确保贫困群体在发展中获得公平的机会、资源和收益，其核心在于打破贫困的恶性循环，而非单纯追求经济增长[229]。

在乡村旅游地，集体社会创业组织推动益贫式发展的关键在于收益分配机制的优化。一方面，合作社的制度设计为构建共享型分配机制提供了坚实的保障。以明月村为例，明月乡村旅游专业合作社在成立之初，便通过与政府、村集体的制度设计和绩效承诺，建立了完善的股权分配制度，将保障本地居民利益作为首要目标。本地村民不仅可以在合作社的支持下开展旅游接待，还可以通过出资入股获得乡村旅游发展的分红收益。竹艺村的合作社也采取了类似的模式，通过股份分红提升本地村民收入，助其共享旅游发展红利。竹艺村村委会成员表示："村集体经济组织和我们竹艺村以前的小摊贩、小点位的组织在一起，共同集资做出了筠盛小院这个项目，我们会根据收益进行分红。"（ZY-R05，本地村民，村委会成员，2023年8月22日）

另一方面，集体社会创业组织的社会使命感促使"向本地村民等弱势群体倾斜"的收益分配策略得以有效实施。在明月村，拥有闲置民居的老村民可以通过出租房屋给新村民获得土地增值收益，同时新村民开展的旅游创业项目也会优先雇佣本地村民，为其提供就业机会。在竹艺村，加入巧妹子竹编专业合作社的农户可以获得优先派单权，从而保障其稳定收益。通过这些社会创业实践，合作社与本地村民以及其他利益相关主体逐步建立起可持续的产业收益分配模式，实现了益贫式发展，让弱势群体真正成为社区发展的受益者。

2. 体面工作与机会公平

集体社会创业组织为社区居民，尤其是相对弱势的群体，提供了安全有保障的就业创业环境，促进了体面工作与机会公平的实现。这主要体现在三个方面。

（1）创造公平的就业创业机会。本地村民在乡村旅游发展过程中可能因为缺乏专业能力而失去参与的机会。而社会企业优先将就业和创业机会留给本地村民，并持续提升其旅游从业技能。例如，在明月村，"观光车还有旅游讲解服务都是给本地村民做，而且会长期雇佣……这些机会都优先给我们本地村民"。（MY-N03，新村民，合作社经理/民宿创业者，2023年8月4日）

（2）保障平等的就业创业权利。社会企业为残障人士、妇女、老人等弱势群体提供平等的就业权利，并营造公正的、无歧视的就业场域。例如，在竹艺村，道明巧妹子竹编专业合作社雇佣了残障人士参与竹编产品制作，并为其提供同等待遇，使其免遭歧视。"我们雇佣了一些残疾人，她们虽然身体上有缺陷，但手艺很好。"（ZY-R07，本地村民，合作社负责人/非遗传承人，2025年3月28日）

（3）建立群体间的尊重与认同。入乡创业的新村民通常来自城市，新老村民在价值观上的差异可能引致冲突，不利于乡村旅游的可持续发展。明月村的合作社在引入新业态时十分注重价值观的匹配，并持续推进新老村民对彼此工作的认同。"他们（老村民）对我们的乡村咖啡厅非常认可，不像有些村子，村民会觉得这些闲情雅致不适合，然后就排斥……我们（明月村）彼此认同对方的生活方式。"（MY-N07，新村民，民宿/乡村咖啡店店长，2023年8月5日）

3. 包容共享型社区

集体社会创业组织鼓励当地村民参与决策，依托共享平台实现信息流通，并通过社区公共空间的打造，营造良好的社区氛围，建设包容共享型社区。这主要体现在两个方面。

（1）信息交流与资源共享。合作社与本地村民、外来创业者等共享知识、技能与创业资源。例如，在明月村，新村民会为老村民免费开设陶艺、草木染等技能培训，并帮助老村民进行创业。值得注意的是，知识、技能与创业资源的共享并未造成新老村民在相同业态上的恶性竞争，而是形成了合理的产业链分工与共同发展，这与新村民的社会创业导向密切相关。正如新村民被问到如何处理越来越多村民经营陶艺体验坊所产生的客源流失问题时表示："我们当时办这个培训班……希望明月陶艺村这个称呼更加名副其实……在此基础上给村民创造新的经济收入……村里整个陶艺产业的发展，新老村民是各有分工侧重的，在村民能够承担陶艺体验接待后，（企业）只做深加工，上釉、烧陶、培训学习（等专业程序）。"（MY-N13，新村民，民宿/乡村咖啡厅主理人，2018年6月18日）

（2）文化更新与社会融合。社会创业实践持续推进社区文化更新，通过文化交流活动增进新老村民社会融合，形成共建共享的社区氛围。例如，在明月村，"我们每周会做读书分享，以前还有明月夜校。我们还成立了很多社群，比如生态种植、园艺、自然建造、手工手作等，私下交流学习能更好地建立关系"（MY-N06，新村民，民宿主理人，2018年6月18日）；在竹艺村，"我们经常会搞一些文化交流活动，在乡村创业本质上还是生活，我也很喜欢跟本地人交流以及这里的氛围"。（ZY-N08，新村民，书院品牌主理人，2023年8月24日）

4. 再野化生态营造

环境层面，集体社会创业组织致力于实现可持续发展目标，通过恢复乡村生态系统的野性，增强其自我调节能力，推动再野化生态营造。再野化（rewilding）是一种以自然为主导的理念和方法，强调减少人为干预、重建生态廊道、促进本土物种回归，以实现生态系统的自我调节与可持续演替[230]。在乡村旅游社区中，这一理念的核心在于采用"低干扰开发 + 主动修复"模式，重构人与自然共生的生态基底。集体社会创业组织不仅关注乡村生态系统的完整性，还主动引导多方主体共同修复乡村生态空间。

例如，在竹艺村，集体社会创业组织联合其他利益相关主体，对乡村灌溉体系、水系以及绿道空间进行完善。竹艺村的旅游开发深度依托川西林盘的空间格局，因此在旅游发展中，并未打破完整的林盘层次，而是保留了内部的农田灌溉体系，并串联了部分商业形态的功能建筑。这种开发模式实现了文化、农业与旅游的交错综合，承托起川西独特的空间布局。这一过程主要由崇州文旅集团主导，并得到了村集体、合作社、新村民的大力支持。"竹艺村的位置、布局在成都周边是少有的，在做旅游规划时就强调不能打破川西林盘的层次，同时保留内部的农田灌溉体系。"（ZY-R09，本地村民，文旅集团工作人员，2023 年 8 月 27 日）

明月村同样将生态保护作为首要目标，确保所有开发活动均不破坏当地的自然环境和生态平衡，同时致力于改善乡村人居环境。例如，针对传统农业生产可能带来的污染问题，合作社联合新老村民成立了小农生态联盟，并推广更加环保、可持续的生物播种技术。"生物播种技术已经获得了 GAP 国家认证，许多农民都在使用我们的技术……现在很多村民不用除草剂，我们带着村民做营养土，还有一些猕猴桃的新种植。"（MY-R07，本地村民，生态联盟组织者，2022 年 11 月 3 日）此外，在合作社的推动下，明月村还升级了污水处理系统，梳理了水系，并推动生产方式的转型，以实现乡村生态与经济的协调发展。

5. 互惠共创型伙伴关系

明月村与竹艺村的集体社会创业组织均与外部社会组织以及私营部门建立了伙伴关系，实现了技术、知识以及创新理念的传播与借鉴学习，并在社区内外部形成了互惠共创型伙伴关系。

（1）增进内外部互惠合作。集体社会创业组织在经济、社会、环境等多个领域的创业实践，增进了社区内部不同主体之间的关系，使新老村民之间建立了多种合作方式。同时，集体社会创业组织通过举办市集活动、与周边社区合作等方式持续提升区域影响力，拓展外部关系网络。例如，明月村经常举办各种社区活动,"我们举办的市集活动能吸引很多手艺人过来,最多的是成都(过来),全国各地也都有,这能够很好地打响知名度"。(MY-N11,新村民,民宿经营者,2023 年 8 月 5 日)

(2)实现深度情感绑定。集体社会创业组织与其他利益相关主体的持续互动增进了彼此的情感连接,使其合作关系从生产领域延伸到生活领域,并进一步加深了新老村民与特定地方的情感绑定。例如,在明月村,合作社经常组织新老村民进行户外活动,"我们跟新村民、老村民的关系都很好,经常一起出去玩,玩的时候也讨论明月村以后往哪些方向发展"。(MY-N03,新村民,合作社经理/民宿创业者,2023 年 8 月 4 日)

综上所述,本研究通过对通用化 SDGs 结合乡村的实际背景及集体社会创业成果进行转换,构建出了一套本地化的 SDGs 框架。经研究发现,两个社区的实践成果与可持续发展目标紧密相连,主要体现在以下五个方面:一是益贫式发展,关注弱势群体在社区发展中的收益;二是体面工作与机会公平,为社区成员提供平等的发展机会;三是包容共享型社区,推动社区整体的包容性发展;四是再野化生态营造,致力于生态系统的恢复与可持续演替;五是互惠共创型伙伴关系,促进多方合作以实现共同发展。这些成果反映了集体社会创业在经济、社会和环境三个方面的价值,为社会创业驱动乡村旅游可持续发展提供了有效的理论指引。

三、社会创业推动乡村旅游可持续发展的作用路径

尽管两个乡村社区在一定程度上都实现了上述五个方面的可持续发展目标,但集体社会创业组织在其中的作用机制存在显著差异。明月村采用的是合作社主导型发展模式,这种模式能够有效整合多方主体资源,在资源获取、分配以及创业实践中的作用尤为突出。相比之下,竹艺村的旅游发展由国有企业主导,合作社则以辅助者的角色参与乡村发展,因此合作社会更加聚焦组织内部治理以及产业联盟层面的社会价值创造。

基于此,本研究进一步归纳出社会创业在推动乡村旅游地实现本地化可持续发展目标中的作用路径。一方面,集体社会创业组织通过自身的管理决策直接创造社会价值,这种直接作用主要体现在用工制度、收益分配机制等方面,并与益贫式发展、体面工作与机会公平等可持续发展目标紧密相连。另一方面,集体社会创业组织与外部利益相关主体(如政府、企业、社区居

民等)的联动合作形成了间接作用路径。通过协同创新、资源共享和优势互补,集体社会创业组织能够创造更广泛的社会价值,并与包容共享型社区、再野化生态营造、互惠共创型伙伴关系等可持续目标相联系。

1. 直接作用路径

集体社会创业组织更加注重企业内部和本地村民的福利。一方面,突破传统"资本优先"的发展模式,以合作社形式整合分散的农户,形成规模化经营主体。例如,竹艺村通过产业链升级,实现统一品控、设计转化和渠道拓展,推动传统竹编从低附加值代工向文化IP驱动的定制化生产转型,将村民个体技能转化为集体竞争优势,从而获得更高的经济收益。同时,集体社会创业组织优先雇佣本地村民,通过培训、资源整合等方式持续赋能,培养其自主决策意识和内生发展动力,创造社会价值。

另一方面,集体社会创业组织在利益分配中向弱势群体倾斜,例如残障员工同工同酬、优先采购贫困户农产品等。这种实践不仅改善了收入结构,还通过经济地位的提升重塑了弱势群体的社会身份认同[231],直接推动了益贫式发展和体面工作与机会公平目标的实现。

2. 间接作用路径

集体社会创业组织的间接影响体现在其基于集体能动性,联动政府、新村民与老村民等多主体,创造性地衔接政府政策、外来资源与本地社区,从而作为关键行动者推动社区可持续目标的实现。具体而言,集体社会创业组织可以充分发挥集体动员和协同优势,构建起跨界行动者网络。

例如,明月乡村旅游专业合作社引入新村民改造闲置农房,导入混合型新业态,推动村内"新旧空间"融合发展,催生新的经济形态。新业态作为互动媒介,反过来又促进了资源互补型合作:本地村民提供地方知识,新村民引入市场渠道,从而实现互惠共赢。更重要的是,集体社会创业组织通过公共性文化活动创造互动场景,使新老村民在价值观念碰撞中形成共识,为后续集体行动储备信任,促进互惠共创型伙伴关系、包容共享型社区和再野化生态营造等目标的实现。

由此可见,集体社会创业组织对可持续发展的推动作用呈现出两种差异化的路径:直接作用路径主要依赖组织的内生能力即可实现,而间接作用路径则需要依托由社区地位、信任网络、政策衔接机制与资源转化能力等构成的支持系统。在明月村,集体社会创业组织作为主导力量,能够在政府政策与村民诉求之间进行有效协商,并在市场规律与传统惯习之间寻求价值共识，进而推动多个可持续发展目标的实现。而在竹艺村，道明巧妹子竹编专业合作社主要通过链接产业来辅助参与社区发展，其对可持续目标的实现主要体现在直接作用路径上。

因此，集体社会创业要取得显著成效，既要兼顾经济与社会双重价值，又要借助制度、资源等外部支持网络。当社会企业的直接与间接作用形成协同效应时，将更有利于实现社区在经济、社会、环境等多维度的可持续发展目标。

第二节 集体效能的生成及其影响机制

乡村地区的集体社会创业通过整合社区资源、凝聚集体行动，成为推动可持续发展目标实现的重要路径。乡村集体社会创业的本质在于社区成员通过自组织方式，以解决本地社会问题为导向，探索经济、社会与环境效益并重的创新性发展模式。相较于个体创业，集体社会创业的核心特征体现为目标的公共性（如改善生态、传承文化、减少贫困等）与行动主体的协同性。这种模式不仅能够调动分散的本地资源，还能通过集体的收益共享与风险共担机制，平衡多方利益，避免个体利益与公共目标的冲突，从而实现乡村地区的可持续发展。

在这一过程中，集体效能通过增强社区成员对共同目标的信念与行动能力，促进社会创业活动持续、有效地开展，在推动乡村可持续发展方面具有重要作用。集体效能指群体成员对通过合作达成共同目标的信心与能力的判断。在集体社会创业中，其突出表现在以下三个方面。一是催生合作行为。个体常因资源与信息壁垒，难以独立推动集体行动。集体效能可以增强成员对合作有效性的信念，促使他们主动将自身资源（如劳动力、知识、社会资本等）融入集体，形成资源互补。例如，村民若相信集体组织能有效推动乡村旅游发展，就更愿意入股合作社。二是共同抵御风险。乡村创业常面临市场波动、政策不确定等风险。高集体效能的群体倾向于将困难视为可通过协作克服的挑战，而非不可控的外部威胁，这种认知减少成员退出行为，维持创业项目的连续性。三是增强集体信任。集体效能能强化成员间的信任，降低沟通成本，为迭代创新提供社会资本基础，更易孵化创新项目。

然而，集体效能并非社区内生属性，其形成植根于特定环境的结构化条件。本研究认为，在乡村旅游情境下，集体社会创业通过双重机制孕育集体效能：其一，在社区层面，以目标协同整合社区资源，推动个体对社区的地方再嵌入；其二，在个体层面，通过网络化协作搭建制度框架，促进个体从原子化状态向集体认知转化。这两个维度的交互作用揭示了集体效能从个体认知到社区实践的动态生成逻辑。进一步地，集体效能反作用于社会创业实践，能够提升其创业效果，进而推动乡村可持续发展目标的实现。

一、社区层面：地方的再嵌入

"嵌入"（embeddedness）这一概念由卡尔·波兰尼在其《巨变：当代政治与经济的起源》中首次提出。他认为，"除了现代资本主义社会，在所有的社会体系中，经济生活都是嵌入到社会关系中的"，而市场经济体系的形成则使人类经济活动逐渐"脱嵌"于社会关系。波兰尼指出，在"自律性市场"（self-regulating market）出现之前，人们的交易活动是通过"互惠"和"再分配"来实现的，这种经济关系是嵌入社会关系的，而在"自律性市场"下，经济关系并未嵌入社会关系中，反而是社会关系嵌入经济体系中，这是对历史常规的一种反转。

波兰尼关注的是现代市场经济体系出现所引发的嵌入关系与状态的改变，他含蓄地表达出"脱嵌"的思想。在波兰尼的概念中，"脱嵌"指在土地、劳动力与货币多重商品化的作用之下，自律性市场发展所导致的经济关系脱离社会关系的状态。但他同时指出，土地、劳动力与货币均属于虚拟商品，而虚拟商品的存在使经济无法完全从社会中"脱嵌"，即这种自律性市场从未彻底出现，因而只有永恒的嵌入事实，而无真正意义上"脱嵌"的存在。英国社会学家安东尼·吉登斯（Anthony Giddens）从社会学视角解读了"脱嵌"的概念内涵，他意识到在全球化和现代性的作用下，个人在全球网络中远距离的嵌入会取代并重构地方化网络的影响，并将"脱嵌"定义为"将社会关系从当地互动的地方场景中脱离出来的过程"[232]。"脱嵌"并不是最终状态，个体从地方化的结构中脱离出来后会在更广泛的网络中重新建构，即"脱嵌"之后会出现"再嵌入"（re-embedding）的过程[233]。

集体社会创业组织的产生与发展带动多元主体形成协作网络，驱动着多元主体构建起协作网络，这一过程折射出不同主体与乡村之间从"脱嵌"

到"再嵌入"的转变。在旅游发展之前，城镇化进程引发了大规模的人口外流，乡村面临"空心化"挑战。原有的熟人社会网络，于现代性冲击之下呈现出"脱嵌"的特征，即基于乡土的社会关系逐渐脱离了熟悉的互动情境，人与土地之间紧密相连的纽带逐步断裂，致使乡村在集体行动层面陷入困境。

旅游发展之后，产业兴起带动村民返乡[234]，通过本地就业或创业，人与社区之间重新建立联结，实现人对地方的再嵌入。与此同时，外来创业者以"新村民"的身份进入乡村，在与本地村民的持续互动中逐渐萌生对这片土地的依恋之情，从而嵌入乡村社区。在此过程之中，集体社会创业组织开展了一系列承载着社会价值导向的实践活动，不仅强化了社会内部的关系网络，更深化了情感联结，促使不同主体"再嵌入"社区，进而形成了共建共享的良性互动格局。

具体而言，本地村民主要通过旅游参与、共享资源，重新建立对社区的归属感与文化认同。在明月村，合作社通过培训等方式，帮助返乡青年掌握新技能，从旁观者转变为社区旅游建设的参与者；同时，合作社通过微信群等平台帮助村民获取市场信息，使原本分散的个体能够共同应对旅游淡季或客流波动。旅游发展也进一步强化了村民对本土文化的认同：明月村的返乡青年积极开设陶艺工坊，使"国际陶艺村"的定位名副其实；竹艺村的返乡青年也积极参与竹编文化的推广，并以道明竹编为傲。以竹编合作社负责人为例，她本人就是一位"90后"的返乡青年，如今已成长为省级非遗传承人。她表示："我一开始是不愿意回来的，竹编我从小看到大，我觉得没什么意思，也赚不到多少钱。后来家里出了点事，家人需要我的支持，我就回来了。当时旅游刚开始发展，再加上道明竹编成为国家非遗，政府很重视竹艺村的发展，给了我很多机会出国交流。我印象特别深的是去白俄罗斯的时候，他们用麦梗做编织品，我觉得比我们的竹编差多了，但是也可以做得很艺术。我想我们的竹编也可以，所以就下定决心推广竹编文化。"（ZY-R07，本地村民，合作社负责人/非遗传承人，2025年3月28日）

这些例子均表明，村民外出或返乡的迁移过程背后牵涉的动因，绝非仅限于经济层面的考量，而是同时深藏着社会、文化与情感等多重非经济因素的诉求。社区发展及集体社会创业的开展为外出村民提供了返乡的契机，使其能够重新嵌入乡村社区。且返乡村民更容易与社区之间建立起紧密且深厚的情感联结，这种情感纽带将有力地促使村民在考量社区公共利益的基础上，自发地推动社会内部的合作行为。

新村民作为外来者，与乡村社区之间存在天然的隔阂。新村民融入乡村社区以及新老村民之间的融合，对于不同主体建立联系、彰显集体效能意义重大。集体社会创业组织在这一过程中发挥了关键作用，它主要借助社区文化活动与互惠合作，助力新村民突破"客居"身份。在明月村，合作社举办的读书会、节庆活动，搭建起新老村民交流的桥梁。部分新村民经营民宿时，优先采购本地食材、雇佣本地村民，由此催生了"转转饭"等自发聚会，使外来者逐渐被接纳为"新乡邻"。

尤为值得一提的是，明月村在旅游发展初期，便规划了一定规模的国有建设用地以及村落内部的闲置民居。新村民既可以通过招投标获得40年土地使用权，也可以长期租赁闲置民居10～20年，开展生产和经营活动。这样一来，外来主体便拥有了相对稳定的土地使用权，进一步强化了他们对"新村民"身份的认知。一些长期在村里居住的新村民直言，明月村已然成为他们的第二个家。在集体社会创业组织的推动下，外来主体积极与其他社区群体互动，嵌入乡村社区并建立地方认同感。而这种认同感又反哺社会创业实践，使其内容更加丰富。实际上，明月村众多社会创业实践均由新村民策划发起，合作社则在其中给予支持。

不同主体对乡村社区的地方再嵌入过程，本质上是情感认同与利益联结的双重构建。本地村民在合作中重拾对乡土文化的自信，而新村民则通过持续贡献赢得信任，并在这一过程中与地方建立了深厚的情感依恋。当社区成员将个体发展嵌入集体目标时，便自然形成了守护共同家园的持久动力，从社区层面进行人地互动推动了集体效能的生成，增强了社区可持续发展的动力。

二、个体层面：集体认同的重塑

社会认同理论强调人们通过群体归属（如国家、宗教、兴趣团体）获得自我价值感和身份认同[235]。在该理论基础上发展出的"集体认同"概念，特指个体对某一特定群体的归属感和自我认同感。这种认同是基于共享的价值观、目标、经历或身份而形成的一种深刻的心理纽带。集体认同体现了个体如何通过群体成员身份来定义自我，并在此基础上塑造其态度、行为和社会互动模式，是群体凝聚力的核心要素。集体认同既塑造了"我们是谁"的群体身份认同，也决定了"我们如何行动"的行为取向，其核心功能在于协调个体与群体之间的关系，降低社会协作的成本，并增强共同体在面对各种挑战时的韧性。

然而，在现代社会的个体化趋势下，集体意识逐渐消解，个体如何对某一群体建立集体认同成为日益重要的研究议题。集体认同的形成并非一蹴而就，而是一个通过文化传递、制度约束以及共同行动持续构建的动态过程。在乡村旅游发展的实践中，集体社会创业组织通过能力共建、文化实践和制度保障等方式，在一定程度上重塑了个体对集体价值的认同。这一过程不仅促进了个体与集体之间的深度联结，更为社区集体效能的生成奠定了坚实的基础。

首先，集体社会创业组织通过技能培训激活村民潜力，培养协作能力，增强集体认同。例如，明月村通过开设夜校与陶艺工坊，系统传授民宿运营、陶艺制作等技能，同时融入市场分析与团队合作理念。一位老村民在接受培训后，不仅优化了自家客栈的经营管理，还开始主动参与村庄的公共事务讨论，直言"现在明白公共设施建设对全村发展有多重要"。掌握陶艺技术的新村民主动培训本地村民，逐步形成在陶瓷产业上的分工合作。技能提升带来的经济收益与协作效率，让村民切身感受到集体行动的成果，为重塑集体认同提供了现实动力。

其次，集体社会创业组织以解决公共问题为使命，致力于引导村民内化集体价值，从而显著提升协作效能。聚焦环境治理、文化传承等具有公共性的关键问题，集体社会创业组织持续推动集体目标与个人利益的深度融合。例如，在明月村，环境保护这一公共目标被巧妙地与村民的日常行动相结合。通过组织晨跑捡垃圾活动，村民们在参与中凝聚了共识，形成了对环境保护的自觉行动。

在竹艺村，"文化传承"这一原本抽象的目标被转化为村民能够切实感知和参与的具体行动。村民们在实践中发现，道明竹编文化品牌的推广不仅带来了收入的增长，更让他们意识到村庄文化复兴和非遗技艺传承的重要性。这种认知的转变促使他们将文化传承内化为一种个人责任。当村民们确信集体目标切实可行时，他们便会产生强烈的集体效能感，这种效能感进一步转化为积极的集体行动力。有人主动承担起维护村内环境的责任，以吸引更多游客；有人则义务担任文化讲解员，向外界展示村庄的文化魅力。

再次，集体社会创业组织通过丰富多样的实践活动，极大地促进了不同主体之间的互动与合作。频繁的面对面交流不仅能够传递隐性知识，更能通过"看得见的成果"让成员直观感受到集体行动的力量。例如，在明月村，合作社经常组织各种聚会，邀请新老村民分享他们对乡村发展的看法。在各类节庆活动和讲座中，也积极鼓励新老村民登台发言，激发他们"为村里争光"的参与热情。这种实践不仅强化了成员的文化自信，更让守护社区成为一种自发的选择。

在互动过程中积累的社会信任与互助规范，进一步推动了集体认同的形成。例如，明月村的新村民引入设计课程，老村民则反馈市场需求，双方携手共同提升陶艺产品的价值。外部艺术家提供美学理念，本地村民贡献人力与在地知识，合作社则搭建销售的桥梁。这种互补合作打破了"外来者掠夺文化"或"本土群体封闭"的困境。当双方意识到彼此的优势不可替代时，便从被动配合转向主动共创。正如新老村民在合作中发现"谁也离不开谁"，一种双向赋能的共同体认知便自然形成。

最后，透明的规则与公平的分配机制不仅为集体认同提供了坚实的制度保障，也为集体行动的持续性注入了动力。明月村的合作社通过股份分红、收益公开等制度，构建起了一套制度化的共享体系。合作社利用微信群实时共享客源信息，有效化解了旅游旺季的抢客矛盾，使村民们深刻认识到信息透明对于整体利益的至关重要性。与传统集体经济中模糊不清的账目管理相比，这种制度化的协作框架让参与者清晰地看到个人贡献与集体收益之间的直接关系，从而更愿意自觉维护规则。由此可见，有效的集体社会创业往往依赖于非正式制度与正式机制的有机结合。这种制度安排赋予了成员平等的参与权与决策权，使个体真切感受到自身行动对集体结果的重要影响。成员更容易形成"我的贡献有意义"的积极认知，从而显著提升其集体效能感。

综上所述，社会创业组织通过整合村民、外来创业者与社区资源，在协作中推动各方与乡村产生深度联结，形成兼顾价值认同与利益共享的集体认同。个体在参与中既获得了能力提升与经济回报，又通过文化互动强化了情感归属，这种内生动力促使人们主动维护共同目标，为乡村振兴提供了可持续的精神支撑。由此产生的集体效能不仅提升了合作效率，而且增强了社区应对复杂挑战的韧性，使乡村旅游等发展模式突破短期利益局限，转向兼顾公平发展、生态保护等深层社会价值追求。

第七章 集体效能：可持续发展目标下的社会创业结果

第三节 本章小结

集体效能作为社区成员通过协作实现共同目标的核心能力，为破解乡村发展困境、推动社会创业实践提供了深层驱动力。本章以明月村和竹艺村为案例，系统阐释了集体社会创业如何通过构建本地化可持续发展目标框架，在经济、社会与环境维度上实现多重创业成果。研究揭示，集体社会创业组织通过整合资源、协调多元主体利益，将全球可持续发展目标转化为本土化实践，形成了"益贫式发展""体面工作与机会公平""包容共享型社区""再野化生态营造""互惠共创型伙伴关系"五大核心维度。

这些成果不仅体现了社会创业对弱势群体赋权、生态治理与文化传承的直接影响，更通过利益分配机制优化、就业机会创造与社区文化更新，构建起了经济价值与社会价值的共生网络。其中，集体社会创业直接路径与间接路径发挥了关键作用。直接路径聚焦组织内部对公平分配与能力建设的制度设计，而间接路径则依托跨界协作网络，推动政策衔接与资源共享。二者的协同效应成为实现乡村多维可持续发展目标的重要保障。

集体效能的生成机制源于社区与个体的双重互动。在社区层面，旅游发展驱动的地方再嵌入重构了人与土地的联结。本地村民通过参与旅游经济建设重拾文化认同，新村民则借助制度保障与社会互动融入乡土网络，形成了共建共享的社区共同体。这一过程打破了城镇化进程中乡村"空心化"的困境，使经济关系重新嵌入社会关系，激发了村民守护共同家园的持久动力。在个体层面，集体认同的重塑通过技能赋能、文化实践与制度透明化得以实现。集体社会创业组织以公共问题为导向，将抽象目标转化为可感知的行动（如环境保护、非遗传承），并通过频繁互动与互补合作培育社会信任，促使个体自觉维护集体价值。这种认同不仅提升了协作效率，而且赋予了社区应对复杂挑战的韧性，使乡村振兴超越短期利益，迈向公平发展与生态共生的深层价值追求道路。

综上所述，集体社会创业通过效能驱动与认同重塑，为乡村可持续发展提供了兼具理论启示与实践价值的路径。其核心在于以集体行动弥合个体利益与公共目标的鸿沟，通过制度创新与文化更新构建多元主体共治的生态。未来，如何在动态变迁中维持集体效能的持续性，平衡外来资源与本土传统的张力，将是深化乡村社会创业研究的关键方向。这一探索不仅关乎乡村内生发展动力的激活，更对全球可持续发展目标的在地化实践具有重要的借鉴意义。

第八章 研究结论与展望

第一节 研究结论

本书聚焦乡村旅游发展与集体社会创业，以集体行动困境为切入点，系统探讨了集体旅游社会创业的形成机制与实践路径。通过对四川省明月村与竹艺村的深度案例研究，本书围绕集体社会创业组织的产生、创业实践与成效，系统阐释了集体社会创业组织在宏观机会结构下如何破解合作困境，在中观层面如何协同多主体开展社会创业实践，以及在微观层面如何为个体赋能并激发集体效能，进而实现经济与社会价值的双重目标，并推动社区的可持续发展。主要研究结论如下。

一、乡村旅游情境下的集体行动困境具有多维复杂性

乡村旅游情境下的集体行动问题，主要体现在制度、组织与文化三个层面，且这三个层面构成了乡村可持续发展的核心挑战。

首先，在土地集体所有制下，产权共有性和集体决策的复杂性直接制约了旅游开发的进程。尽管当前的土地制度通过所有权、承包权和经营权的分置来盘活资源，但由于集体成员的利益诉求各不相同，集体行动往往难以有效推进。此外，土地流转的法定程序与村民对"祖宗地"的情感认知之间存在巨大鸿沟，这进一步加剧了征地与资源整合的困难。

其次，村集体作为治理主体，既作为行政管理者，又作为市场经营者，这种身份冲突导致多重治理目标难以协调。村"两委"既要维护村民的福祉，又要追求经济效益，这种双重代理身份很容易引发权力寻租和信任危机，从而削弱集体行动的合法性。

最后，旅游发展带来的市场逻辑对传统乡土文化构成了冲击。资本主导

下的文化符号重构虽然迎合了消费需求，但却在一定程度上瓦解了集体记忆与地方认同。传统信任机制与现代契约关系之间的隐性冲突，使乡村陷入文化认同断裂与社会资本消解的困境，动摇了集体行动的文化根基。

基于此，乡村旅游情境下集体行动的核心困境为：集体产权与个体理性的冲突、多元主体介入下的协作困境以及文化冲击下的集体意识消解。上述困境的多维复杂性要求超越单一维度的解决方案，需要引入集体社会创业这一创新路径，通过平衡经济价值与社会价值，推动制度创新、组织重构与文化调适实现系统性突破，重构乡村发展模式。

二、集体旅游社会创业是破解困境的创新路径

本书提出的"集体旅游社会创业"概念，强调以集体组织形式整合资源、协调多元主体利益、开展社会创业实践，涉及集体动员、集体协同和集体效能三个方面。其核心特征有四点。①组织集体性：依托合作社等集体组织，构建多主体协作网络，突破传统个体创业或行政主导的模式，实现资源整合与协同行动。②旅游驱动性：以文化旅游资源开发为核心载体，通过业态创新与产业链延伸，激活乡村内生动力。③创业多维性：整合机会识别、资源调动与制度适应能力，平衡经济效率与社会使命。④价值创造性：聚焦贫困减缓、文化传承与生态保护等社会目标，推动社区可持续发展。

通过案例研究，本书深入分析了四川省明月村与竹艺村的创业实践，验证了集体旅游社会创业模式在特定情境下的有效性。尽管两村的社会创业路径各有不同，但都通过有效的集体动员与协同合作实现了社会创业目标，并创造了显著的经济价值与社会价值。在明月村，明月乡村旅游专业合作社主导社区旅游发展，通过利益共享机制与制度化的分配框架，构建了一个涵盖经济、生态和文化多领域的协同网络。该合作社通过优先雇佣本地村民、提供免费培训、提升农产品附加值等举措，将村民、新创客与政府纳入一个共同的利益框架，形成了"合作共享"的集体行动模式。竹艺村的道明巧妹子竹编专业合作社则聚焦当地的竹编产业，依托产业联盟模式，整合散户资源并聚焦弱势群体赋权。通过非遗传承与文化创新，该合作社构建了一个包容性的发展模式，推动了竹编技艺的创造性转化与可持续发展。这两个案例的分析结果证明了集体旅游社会创业在协调个体与集体冲突、破解合作困境、重塑集体认同方面的价值与潜力。

三、制度与市场的双重机会结构是集体动员的关键动力

集体社会创业组织同时面临新创困境与合作困境,有效的集体动员是集体社会创业得以启动的基础。在乡村旅游情境下,制度与市场的双重机会结构为集体动员提供了关键动力,二者的协同作用促进了集体旅游社会创业的产生。

制度机会结构体现在政府对制度环境的塑造上。其一是通过专项政策和资金导入推动乡村地区旅游发展,并通过链接外部资源、提升组织能力、拓展市场机会等引导集体社会创业组织成立,实现价值创造;其二是通过社会企业认证、鼓励创业组织关注弱势群体,从而引导规则,实现价值分配。在这一过程中,乡村社区内部不同的利益相关者对政府角色形成了多样化认知,包括"务实的政策执行者""社区发展孵化器""有限发展的推动者"和"不公正的资源配置者",这反映了政府在推动集体社会创业中的积极作用以及潜在的负面影响。

市场机会结构则通过消费需求牵引业态创新,促进资源资本化。与制度机会结构的相对稳定性不同,市场机会结构根据市场变化和实际需求不断动态调整,为乡村集体社会创业与多主体协同创新提供了更加广阔的发展空间。制度嵌入与市场响应的双重作用,有效解决了集体社会创业组织在初创阶段的集体动员问题,展现了中国乡村情境下社会创业发展的本土化路径。

四、合法性建构与社会资本积累是集体协同的核心机制

乡村旅游情境下集体社会创业组织通过多主体协同实现经济与社会价值的双重目标,其中,合法性建构与社会资本积累是集体协同形成的关键机制。在组织层面,集体社会创业组织需通过规制合法性(政策响应)、规范合法性(嵌入地方规范)与认知合法性(社区认同)的逐层构建,破解初期信任壁垒。例如,明月村的合作社通过财务透明化、政府认证及社区公益活动,逐步实现了从"低合法性"到"高合法性"的转变;竹艺村则通过非遗传承与弱势群体赋权,获得了政策支持与文化认同。在社区层面,集体社

会创业组织获取合法性的过程推动了社区社会资本的增加，包括桥接型资本（链接外部资源）、团结型资本（增强内部凝聚力）与连接型资本（整合跨层级网络）的协同积累，从而推动社区从"低社会资本"到"高社会资本"的转变。

集体协同的形成依赖于组织与社区之间的互动影响。一方面，集体社会创业组织通过合法性提升逐步从"被动嵌入制度"转向"主动重塑制度"，增强资源整合能力；另一方面，社会资本积累能促进村民个体赋能、主体间信任强化及外部资源持续输入，形成由"低合法性-低社会资本"向"高合法性-高社会资本"的跃迁。这一过程最终构建了一个以集体社会创业组织为核心的多主体协作网络，通过经济合作、文化共融与生态共建，实现了个人利益与集体目标的统一。研究表明，集体社会创业组织的核心价值在于通过制度化协作与社会网络优化，破解集体行动困境，为乡村旅游地的可持续发展提供可复制的实践路径。

五、地方再嵌入和集体认同重塑是集体效能的形成基础

集体效能作为凝聚社区力量的关键，直接影响社会创业实践的实际成效。集体效能的核心在于社区成员通过协作实现共同目标的能力，其生成依赖于社区层面的地方再嵌入与个体层面的集体认同重塑。

一方面，旅游发展驱动了地方再嵌入过程，重构了人与土地的联结。本地村民通过参与旅游经济建设重拾文化认同，新村民则通过长期居住（如长期土地使用权）与社会互动（如读书会、节庆活动）融入乡土网络，逐渐从"客居者"转变为"新乡邻"。这一过程打破了城镇化导致的"空心化"困境，使经济关系重新嵌入社会关系，形成了共建共享的社区共同体。地方再嵌入不仅强化了人与地方的情感联结，还通过新老村民的资源互补激活了社区内生动力，为集体效能的持续积累奠定基础。

另一方面，集体认同的重塑通过技能赋能、文化实践与制度保障得以实现。集体社会创业组织以解决公共问题为导向，提升了个体在社区中的参与度，促使村民将集体责任内化为自身的行动准则。同时，制度化的共享机制和持续的文化交流进一步巩固了社区的认同感。这种认同重塑不仅提高了协作效率，还推动个体从孤立的原子化状态向集体认知转变，增强了社区的凝聚力和行动力。

六、社会创业通过直接路径与间接路径推动乡村社区可持续发展

社会创业组织将全球性议程与地方实践深度融合，在经济、社会与环境维度形成了多重创业成果，并实现了本地化的可持续发展目标（SDGs）。具体而言，明月村和竹艺村的实践通过"益贫式发展""体面工作与机会公平""包容共享型社区""再野化生态营造""互惠共创型伙伴关系"五大核心维度，实现了对弱势群体赋权、文化传承与生态保护的协同推进。其中，益贫式发展强调通过股权分配、就业倾斜等机制保障弱势群体共享发展红利；体面工作与机会公平通过技能培训与平等权利保障促进社会包容；包容共享型社区依托信息互通与文化活动促进新老村民融合；再野化生态营造以低干预开发与生态修复重构人与自然的共生关系；互惠共创型伙伴关系则通过内外协作网络整合资源与情感绑定。通过本地化目标转化，抽象的发展理念得以转化为可操作的社区实践，为乡村可持续发展提供了本土实践范式。

进一步地，社会创业对乡村社区可持续发展的推动作用主要通过直接与间接两条路径实现。直接路径着重于提升组织的内生能力，具体表现为用工制度的优化、收益分配的公平化等内部治理创新举措。这些措施直接为弱势群体赋权，有效提升了社会公平性。间接路径则依托跨界协作网络，通过政策衔接、资源共享以及文化互动等方式，撬动外部资源，为乡村发展注入新的活力。这两种作用路径表明，社会创业既要立足于本地价值的创造，又要借助外部网络来突破资源瓶颈。当直接作用与间接作用形成协同共振时，能够更高效地实现经济、社会与环境目标的动态平衡，从而为乡村可持续发展提供系统性的解决方案。

第二节 学术贡献

一、拓展社会创业研究的本土化理论

现有的社会创业研究多聚焦个体创业者或城市语境，对乡村集体情境关

注不足。本书的创新之处有三个方面。

其一，在主体维度上，挑战了传统社会创业研究的个体中心主义假设，为理解乡村创新实践提供了新视角。既有研究多将社会创业者塑造为具有个人魅力的道德英雄，强调其个体特质对机会识别与资源获取的决定性作用。然而，这种理论视角难以解释中国乡村创业实践的复杂性：一方面，乡土社会依然根植于熟人网络，个体行动者需依托集体身份获取合法性；另一方面，乡村旅游开发涉及土地流转、文化资本转化等系统问题，单一主体往往难以独立应对。通过案例研究发现，成功的乡村社会创业本质上是村集体、返乡精英、基层政府等多元主体协同驱动的组织化过程。这种多主体共生关系突破了传统理论中创业者与受益者的二元对立，将创业主体从原子化个体拓展为具有共同行动能力的组织化群体，从而重构了社会创业主体的认知框架，为发展中国家的基层创新研究提供了新的分析路径。

其二，在研究层次上，本书构建的"集体动员—集体协同—集体效能"框架弥合了结构决定论与能动性叙事的理论分野。主流创业理论多将创业过程简化为机会识别、资源拼凑等技术环节，忽视了制度环境与主体策略之间的互动关系。通过对案例地的历时性追踪，本研究发现，乡村集体社会创业是一个持续突破结构性约束的动态实践过程。在集体动员阶段，宏观机会结构为创业组织的产生提供了契机，同时在政府与市场的双向驱动下，突破了集体行动的困境。在集体协同阶段，创业组织通过动态演化，构建合法性并积累社区社会资源，实现了资源整合与多主体协同。在集体效能阶段，创业组织通过赋能个体，使其重新嵌入乡村社区并建立集体认同。相较于静态的机会结构分析，该框架更全面地捕捉了创业过程的动态演进，为理解制度与行动之间的复杂互动提供了有力的理论工具。

其三，在情境维度上，本研究通过解析中国乡村振兴的制度逻辑，构建了突破西方个体主义的研究范式。国际学界常基于公民社会理论，强调非政府组织与企业的合作治理，但中国实践呈现出显著的特殊性：基层党组织构成制度机会结构的核心，集体土地所有制提供资源基础，家户与集体利益的辩证统一塑造价值创造逻辑。政府塑造制度环境并建构创业机会，村集体盘活集体资产并动员村民，市场力量倒逼产业创新，三者形成的嵌套结构超越了"国家-社会"二分法，也区别于一般的发展中国家模式。事实上，集体社会创业实践恰恰反映了中国式现代化进程中的基层创新，由此可发展出一个兼容集体主义传统、混合经济形态与渐进式改革的解释框架。这为乡村创业研究提供了新的实践范式,也为社会创业的本土化提供重要的理论参照。

二、构建乡村旅游研究的"集体"范式

既有的乡村旅游研究大多强调旅游产业的经济导向或旅游发展中的社区参与,对"集体"议题关注不足。本研究深度剖析乡村旅游情境中的集体行动困境,推动乡村旅游研究的集体转向。

其一,本研究突破了传统集体行动理论的解释局限,着重强调了在中国乡村情境下集体旅游社会创业的独特作用。既有研究多基于西方个体主义的文化背景,难以充分解释中国乡村情境下的制度复杂性。本研究引入"集体旅游社会创业"这一概念,并将其作为破解乡村旅游社区集体行动困境的创新路径。该概念强调通过社会创业的双重使命,将个体利益与集体福祉深度绑定。通过旅游产业带动乡村发展,并建立收益共享机制,从而减少"搭便车"行为的发生。这一概念的提出正是基于中国乡村的集体所有制与差序格局的文化传统。以集体形式开展创业活动,既能承接行政赋权,又能嵌入乡土关系网络,实现了正式制度与非正式规范的协同。

其二,重构乡村旅游发展的主体关系图谱,推动社区参与理论从单一主体向多元协同转型。既有社区参与理论多聚焦本地村民的权益保障,却忽视了政府、企业、返乡精英等多元主体的功能整合。本研究发现,乡村旅游社会创业本质上是一个多元主体角色重构的过程:基层政府通过项目制创新释放制度红利,新村民运用市场知识激活乡土资源,本地村民则依托地方性知识实现文化资本的转化。多主体协同推动下的"新型集体经济组织"兼具合法性、竞争力与包容性。这一发现不仅拓展了社区参与理论的主体维度,更揭示了多元主体利益平衡的制度化路径。

其三,建立动态演化的分析框架,突破乡村旅游研究的静态叙事模式。既有研究往往割裂经济、文化、生态的维度进行孤立分析,导致对旅游社会创业过程复杂性的认知不足。本研究关注集体旅游社会创业的动态过程及其内在的互动反馈机制。通过揭示集体旅游社会创业从行动动员到资源整合,再到价值反哺的演进规律,本研究为理解乡村旅游的复杂性和系统性提供了新的视角,也为从集体视角探索乡村旅游可持续发展提供了理论可能。

第三节 实践启示

一、政策支持层面

1. 完善集体产权制度，夯实乡村旅游发展基础

土地集体所有制下的旅游用地困境，是当前多数地区乡村旅游发展与社会创业的关键制约因素。因此，完善集体产权制度是激活乡村旅游地资源要素的核心前提。建议地方政府持续推进农村土地"三权分置"改革，明确所有权、承包权、经营权的权利主体与流转边界，重点推广经营权入股、宅基地使用权流转等创新模式。例如，允许村集体将闲置农房经营权折价入股乡村旅游合作社，这既能盘活存量资产，又能保障农民的长期收益。同时，建立"县—镇—村"三级产权纠纷调解机制，明确土地流转、收益分配等环节的权责关系，降低制度性交易成本。针对生态资源资产，可探索"确权—定价—交易"全链条管理体系，将森林、水域等自然资源纳入产权流转范围，为乡村旅游开发提供清晰的产权依托。

2. 优化社会企业认证体系，强化社会价值引领

乡村社会企业的规范化发展需要构建标准化的认证体系与激励机制。建议各地政府借鉴四川省社会企业的认证模式，制定乡村专属认证指标，重点评估企业带动本地就业、非遗活态传承、生态修复成效等社会绩效，淡化单一的经济评价指标。可建立一定的奖励机制对通过认证的社会企业，给予相应的奖励。例如，可根据带动就业人数按比例减征企业所得税；对于小微企业，则予以一定的物质奖励。同时，建立"红黑榜"动态监管机制，对违规占用耕地、破坏文化原真性的企业取消认证资格。此外，可依托政府乡村振兴投融资平台，设立社会企业专项债券，吸引社会资本以多种形式参与项目建设，引导资本从"逐利型"向"责任型"转变。

3. 构建协同支持网络，提升创业企业的运营能力

构建系统性支持体系是破解乡村旅游社会创业资源瓶颈的关键。建议地方政府设立乡村社会创业专项基金，采用"政府注资＋社会众筹"模式，为创业项目提供低息贷款支持。同时，同步建立风险补偿机制，对自然灾害、市场波动等不可抗力因素导致的坏账给予一定比例的补偿，降低创业风险。推动产学研深度融合，支持高校乡村振兴研究院与重点旅游村"结对帮扶"，共建实训基地与创业孵化器。重点开展数字化运营、乡土文化 IP 开发等技能培训，提升乡村创业者的专业能力。此外，建立集体创业经验标准化输出机制，将成熟的创业模式转化为可复制的操作手册，助力后发地区规避试错风险，推动乡村旅游社会创业的规模化发展。

二、组织运营层面

1. 强化合作社功能，构建紧密型利益共同体

合作社作为集体社会创业的核心载体，需通过制度创新强化其功能，使其充分发挥集体的制度优势。首先，推广成熟的分红模式，建立兼顾村民个体利益、集体公共积累与产业长期发展的分配机制，既保障农民短期收益权，又为村庄基础设施维护、文化保护传承提供资金保障。其次，针对合作社管理粗放问题，可以引入职业经理人制度，组建专业化运营团队负责市场开发、项目策划及品牌推广，破解传统乡村组织市场化能力不足的难题，提升合作社的运营效率与市场竞争力。最后，完善监督机制，建立由村民代表、行业专家组成的决策委员会，定期审议财务收支与项目进展，确保合作社运作透明规范，避免沦为村"两委"行政机构的简单重复，真正实现合作社的独立、高效运作。

2. 创新业态融合路径，锻造特色化产品体系

在产业和产品上，立足在地文化基因与生态资源禀赋，推动旅游产业与农业、文化、体育等产业有机融合。以非遗技艺活化、传统工艺创新为切入点，打造"文创工坊 + 体验空间 + 主题民宿"的复合型业态，通过设计赋能将传统的乡土技艺转化为具有市场竞争力的文化商品。深化"旅游 + 研学"模式，开发农耕体验、自然教育等课程，构建知识传递与价值共创的沉浸式场景。实施品牌共建战略，由合作社统筹注册区域公共品牌，制定统一的质量标准与视觉标识，引导村民在保持产品特色的基础上形成规模效应，通过品牌溢价提升产业附加值，延伸产供销一体化价值链。

3. 培育社区内生动力，塑造可持续的创业生态

充分发挥集体社会创业组织的协同网络，激活社区内部各主体参与积极性，构建可持续的创业生态。一方面，积极培育本地创业者，开展民宿运营、电子商务、网络营销等实用技能培训，并通过创业技能大赛等形式，挖掘乡村能人；另一方面，创新生产要素参与方式，鼓励农民以土地经营权、

房屋使用权、传统技艺等入股集体社会创业组织,建立风险共担、收益共享的联结机制,从根本上增强村民的主体意识与发展主动性,实现从"旁观者"向"建设者"的身份转变。

三、文化治理层面

1. 构建乡土认同新机制,凝聚社区发展共识

培育乡土认同需要强化社区公共生活,通过持续性的集体实践来激活村民的主体意识。例如,以传统节庆为纽带,重构具有地方特色的文化仪式,让村民在仪式展演中深化集体记忆,增强对本土文化的认同感。针对外来新村民群体,可以建立新老村民结对互助机制,通过共耕体验、家宴共享等活动,帮助新村民理解地方知识体系,逐步形成身份归属感。同时,定期举办社区议事会,围绕公共事务展开协商讨论。在解决实际问题的过程中,增进理解、弥合分歧,逐步形成兼顾传统与开放的集体意识,为社区发展构建稳定的文化根基。

2. 促进传统文化创造性转化,激发内生创新活力

传统文化的存续需要与现代生活需求紧密衔接。建议设立乡村文化振兴专项基金,重点支持手工艺人开展产品创新。例如,将竹编技艺应用于现代家居设计,将蓝染工艺融入时尚服饰开发,通过功能性改良提升传统技艺的市场价值。同时,推动非遗传承进校园,在乡土教材中增设地方技艺实践课程。通过开设工作坊、组织非遗夏令营等方式,引导青少年参与传统技艺体验,培育年轻传承群体。此外,还可以探索"以技换工"模式,鼓励村民通过传授传统技艺换取社区服务积分。这不仅保障了技艺的传播,还吸纳了多元主体的共同参与,使文化保护转化为全民自觉行动,增强传统资源的再生能力。

3. 平衡文化保护与旅游开发,实现可持续传承

乡村文化治理需要在守护传统与适应发展之间寻求平衡。一方面,应合理规划空间布局,划定村民生活核心区与旅游服务功能区,通过空间区隔减少商业活动对日常生活的侵扰,保障村民生活的宁静与舒适。同时,建立游客流量预警机制,依据生态承载能力动态调节接待规模,并设计主题化旅游动线,以降低对环境和文化生态的压力。另一方面,在旅游开发过程中,推行"社区听证"制度,对民宿改造、景观建设项目开展文化影响评估,确保

建筑形态、材料工艺符合地域文脉特征。这不仅有助于保护乡村文化的独特性，还能增强社区对旅游开发的参与感和认同感。此外，建立旅游收益反哺机制，将部分旅游收入定向投入本村的文化工程，形成"以旅养文"的良性循环。在保持文化内核的基础上，拓展应用场景，推动社区文化实现自然更新，实现文化传承与旅游发展的双重目标。

第四节 不足与展望

一、研究局限

本研究的主要局限体现在三个方面。

（1）案例区域局限。本研究聚焦成都近郊乡村，这些乡村的发展受益于大城市的辐射与政策倾斜，可能因此高估集体旅游社会创业模式在资源匮乏地区的适用性。相比之下，一些偏远乡村或山区乡村往往面临人口流失、基础设施建设滞后等现实瓶颈，集体社会创业的内生动力培育与资源整合难度更大。因此，需要通过跨区域案例对比来验证结论的普适性。

（2）数据时效局限。尽管本研究对案例地进行了较长时段的追踪（2018—2025年），但社会创业作为企业组织，其发展受诸多内外部环境因素的影响，其未来成效需要长期观测。此外，乡村旅游地本身也处于不断演化中，集体社会创业所引致的社会文化影响需要在更长的时段中进行透视。

（3）理论适用性局限。集体旅游社会创业强调政府与市场的协同驱动，作为一种本土化创新路径，更适用于强政府治理逻辑下的地区。未来研究需要通过跨国别、跨文化的比较分析，检验该理论在不同治理结构和文化传统下的适配性，进一步明确其解释边界。

二、未来研究方向

未来研究可以在三个方面围绕集体旅游社会创业进一步深化。

第一，通过系统对比中国中、东、西部不同区域的实践案例，探索集体旅游社会创业的差异化发展模式。同时，聚焦宗族型村落与移民型社区的案例比较，分析传统文化网络与现代治理体系对社会企业合法性获取及利益分配机制的作用逻辑。此类跨地域研究有助于提炼出更具普适性的规律。

第二，动态呈现集体旅游社会创业的治理结构变迁。追踪村民、企业、政府等主体间关系资本的历时性演化，运用社会网络分析等方法刻画在社会创业过程中权力再分配的微观机制。结合深度访谈与参与式观察，解析正式制度与非正式规则如何交织作用于精英动员、集体决策等关键环节。这有助于突破静态结构分析的局限，完整呈现社区治理体系重构的动态轨迹。

第三，综合运用大数据技术可显著提升集体旅游社会创业成效评估的科学性。整合手机信令、在线评论等多源数据，可实时监测旅游流量、消费偏好等经济指标，并同步追踪生态环境承载力、文化认同度等社会效应。通过构建包含经济增益、生态损耗、文化存续等维度的评估体系，可精准识别社会创业的综合效益，为社会企业发展与政策制定者提供动态监测工具。

第九章 余 论

本研究将集体旅游社会创业视为破解乡村集体行动困境的创新方案,其核心价值在于通过制度创新激活集体禀赋,借助社会创业重构价值网络,最终推动乡村走向经济繁荣、文化复兴、生态永续的包容性发展。本质上,这一理念强调的是集体利他主义。集体利他主义是指某一群体成员以集体利益为核心目标,主动牺牲个体短期利益或资源,通过协作与共享实现群体长期福祉的行为模式,其核心是超越个体理性计算的"群体理性"。与个体利他主义不同,集体利他主义并非单纯出于道德动机,而是通过制度、文化或演化机制等内化为群体的稳定行为策略。

尽管乡村社会创业实践以及这一过程中折射出的集体利他主义,已部分显现并取得了积极成效,但也必须对其中潜藏的"不真实的美好"进行冷静的反思。一些关于乡村社会创业的宣传报道往往呈现出一幅理想化的图景:返乡精英带动乡村脱贫致富,村民过上诗意栖居的生活,传统文化在市场中重焕生机。然而,这种过于美好的叙事有时掩盖了复杂的现实问题和潜在风险。

首先,社会创业者为了实现目标,常常需要在现有制度框架的缝隙中进行创造性的组合搭配。例如,在法律尚未明确社会企业身份定位的情况下,创业团队可能会同时利用工商企业、社会组织、合作社等多种身份来获取资源;又如,乡村的土地、财政补贴、旅游政策等要素,被灵活整合以支持项目推进。这种制度性"拼凑"虽然体现了草根创新的精神,但也潜藏着风险,如政策套利和监管俘获的风险增加。

其次,新村民的进入固然带来了资本与新的理念,但也推动了乡村绅士化进程。外来者基于自身对田园生活的想象改造村庄风貌和产业,可能在不经意间抬高了生活成本和土地租金,从而使部分本地居民边缘化。在这一过程中,政府自身也扮演了"绅士化推动者"的角色,为迎合城市消费需求美化乡村景观,加速了社会空间的重构。这些现象提醒我们,集体社会创业并非万能,它也可能带来新的社会公平问题。如果缺乏约束,最初追求的"美好愿景"可能演变为另一种形式的不平等。

最后,必须正视社会创业失败或不可持续的现实风险。并非所有乡村都适合开展社会创业,即使是成功案例,本身也面临长远发展的挑战。游客兴趣和消费潮流的变化可能使当前的业态"失宠";管理团队的更替可能引发战略方向的偏差;外来创业者与本地村民的利益博弈也可能持续出现新的矛盾。因此,有必要对这股乡村社会创业热潮保持审慎态度,在肯定其积极作用的同时,对过度理想化的叙事保持警惕。

基于此,本研究倡导"有限市场化"的立场,即在乡村社会创业中引入市场机制的同时,把握适度的边界。过度的市场化倾向可能诱发负面效应,使社会目标让位于逐利动机;然而,完全排斥市场则难以实现经济上的可持续发展。所谓"有限市场化",一方面,强调以市场的方法激发乡村活力,鼓励创新、提升品质、对接外部市场;另一方面,要求以社会目标和制度规范来引导市场行为,通过利益分配机制保证社区共享发展成果,并通过政府监管防止资本一味逐利。这种平衡既能避免乡村旅游被资本单方面掌控,又能保持集体社会创业的初心。

参 考 文 献

[1] 奥尔森. 集体行动的逻辑 [M]. 陈郁, 李崇新, 郭宇峰, 译. 上海: 格致出版社, 2014: 7.

[2] 费孝通. 乡土中国 [M]. 北京: 生活·读书·新知三联书店, 1985: 25.

[3] 涂尔干. 社会分工论 [M]. 渠东, 译. 北京: 生活·读书·新知三联书店, 2013: 34-38.

[4] HARDIN G. The tragedy of the commons [J]. Science, 1968, 162 (3859): 1243-1248.

[5] 奥斯特罗姆. 公共事物的治理之道: 集体行动制度的演进 [M]. 上海: 上海译文出版社, 2012: 108.

[6] JASPER J M. Emotions and social movements: twenty years of theory and research [J]. Annual review of sociology, 2011, 37 (1): 285-303.

[7] BEREZIN M. Social performance: symbolic action, cultural pragmatics, and ritual [J]. American journal of sociology, 2010, 116 (1), 273-275.

[8] 臧昊, 梁亚荣. 乡村振兴背景下乡村旅游点状供地的实践困境及破解之道 [J]. 云南民族大学学报(哲学社会科学版), 2021, 38 (4): 63-73.

[9] 叶剑平, 普罗斯特曼, 徐孝白, 等. 中国农村土地农户30年使用权调查研究: 17省调查结果及政策建议 [J]. 管理世界, 2000 (2): 163-172.

[10] 王雷. 农民集体成员权、农民集体决议与乡村治理体系的健全 [J]. 中国法学, 2019 (2): 128-147.

[11] 于恒, 汪和建. 集体产权、关系治理与过度嵌入: 文旅资本下乡

的实践与困境［J］.河北学刊，2022，42（2）：151-158.

［12］王彩彩，裘威，徐虹，等.乡村旅游开发促进共同富裕的机制与路径：基于共生视角的分析［J］.自然资源学报，2023，38（2）：335-356.

［13］陈燕，尤伟琼.箐口村哈尼族"蘑菇房"现代变迁中的传承［J］.思想战线，2016，42（2）：31-35.

［14］宗路平，角媛梅，李石华，等.哈尼梯田遗产区乡村聚落景观及其演变：以云南元阳全福庄中寨为例［J］.热带地理，2014，34（1）：66-75.

［15］孙九霞，张凌媛，罗意林.共同富裕目标下中国乡村旅游资源开发：现状、问题与发展路径［J］.自然资源学报，2023，38（2）：318-334.

［16］CUCARI N, WANKOWICZ E, DEFALCO S E. Rural tourism and Albergo Diffuso: a case study for sustainable land-use planning［J］. Land use policy, 2019 (82): 105-119.

［17］WANG L, YOTSUMOTO Y. Conflict in tourism development in rural China［J］. Tourism management, 2019 (70): 188-200.

［18］DACIN M T, DACIN P A, TRACEY P. Social entrepreneurship: a critique and future directions［J］. Organization science, 2011, 22 (5): 1203-1213.

［19］GUPTA S, KUMAR V, KARAM E. New-age technologies-driven social innovation: what, how, where, and why?［J］. Industrial marketing management, 2020, 89: 499-516.

［20］刘志阳，李斌，陈和午.企业家精神视角下的社会创业研究［J］.管理世界，2018，34（11）：171-173.

［21］MOTTIAR Z, BOLUK K, KLINE C. The roles of social entrepreneurs in rural destination development［J］. Annals of tourism research, 2018, 68: 77-88.

［22］JØRGENSEN M T, HANSEN A V, SØRENSEN F, et al. Collective tourism social entrepreneurship: a means for community mobilization and social transformation［J］. Annals of tourism research, 2021, 88: 103171.

［23］保继刚，杨兵.旅游开发中旅游吸引物权的制度化路径与实践效应：以"阿者科计划"减贫试验为例［J］.旅游学刊，2022，37（1）：18-31.

[24] 徐凤增,林亚楠,王晨光. 社会创业对乡村旅游利益分配模式的影响机理研究:以山东省中郝峪村为例[J]. 民俗研究,2019(5):122-135,159-160.

[25] 王心蕊,黄雅妮,黄凯洁. 社会创业推动下乡村旅游地共同富裕形成机制研究[J]. 旅游科学,2023,37(3):32-49.

[26] CANTILLON R. Essay on the nature of commerce in general[M]. New York:Routledge,2001:24.

[27] 林强,姜彦福,张健. 创业理论及其架构分析[J]. 经济研究,2001(9):85-94,96.

[28] KIRZNER I M. Entrepreneurial discovery and the competitive market process:an Austrian approach[J]. Journal of economic literature,1997,35(1):60-85.

[29] SHANE S,VENKATARAMAN S. The promise of entrepreneurship as a field of research[J]. Academy of management review,2000,26:13-17.

[30] REY-MARTÍ A,RIBEIRO-SORIANO D,PALACIOS-MARQUÉS D. A bibliometric analysis of social entrepreneurship[J]. Journal of business research,2016,69(5):1651-1655.

[31] IRELAND R D,REUTZEL C R,WEBB J W. Entrepreneurship research in AMJ:what has been published,and what might the future hold?[J]. Academy of management journal,2005,48(4):556-564.

[32] CHATTERJI A K. Spawned with a silver spoon?entrepreneurial performance and innovation in the medical device industry[J]. Strategic management journal,2009,30(2):185-206.

[33] QIN F,WRIGHT M,GAO J. Are "sea turtles" slower?returnee entrepreneurs,venture resources and speed of entrepreneurial entry[J]. Journal of business venturing,2017,32(6):694-706.

[34] 斯晓夫,王颂,傅颖. 创业机会从何而来:发现,构建还是发现+构建?:创业机会的理论前沿研究[J]. 管理世界,2016(3):115-127.

[35] HOANG H,YI A. Network-based research in entrepreneurship:a decade in review[J]. Foundations and trends® in entrepreneurship,2015,11(1):1-54.

[36] SHAHRIAR A Z M. Gender differences in entrepreneurial propensity:

evidence from matrilineal and patriarchal societies [J]. Journal of business venturing, 2018, 33(6): 762-779.

[37] BAE T J, QIAN S, MIAO C, et al. The relationship between entrepreneurship education and entrepreneurial intentions: a meta-analytic review [J]. Entrepreneurship theory and practice, 2014, 38(2): 217-254.

[38] ZHAO Y L, SONG M, STORM G L. Founding team capabilities and new venture performance: the mediating role of strategic positional advantages [J]. Entrepreneurship theory and practice, 2013, 37(4): 789-814.

[39] CAI L, HUGHES M, YIN M. The relationship between resource acquisition methods and firm performance in Chinese new ventures: the intermediate effect of learning capability [J]. Journal of small business management, 2014, 52(3): 365-389.

[40] CHEN J S, CROSON D C, ELFENBEIN D W, et al. The impact of learning and overconfidence on entrepreneurial entry and exit [J]. Organization science, 2018, 29(6): 989-1009.

[41] GRIFFIN-EL E W, OLABISI J. Breaking boundaries: exploring the process of intersective market activity of immigrant entrepreneurship in the context of high economic inequality [J]. Journal of management studies, 2018, 55(3): 457-485.

[42] ADAMS P, FONTANA R, MALERBA F. User-industry spinouts: downstream industry knowledge as a source of new firm entry and survival [J]. Organization science, 2016, 27(1): 18-35.

[43] EESLEY C. Institutional barriers to growth: entrepreneurship, human capital and institutional change [J]. Organization science, 2016, 27(5): 1290-1306.

[44] SEMRAU T, WERNER A. The two sides of the story: network investments and new venture creation [J]. Journal of small business management, 2012, 50(1): 159-180.

[45] NASUTION M D T P, RINI E S, ABSAH Y, et al. Social network ties, proactive entrepreneurial behavior and successful retail business: a study on Indonesia small enterprises [J]. Journal of research in marketing and entrepreneurship, 2022, 24(1): 141-160.

[46] DE CLERCQ D, SAPIENZA H J, YAVUZ R I, et al. Learning and knowledge in early internationalization research: past accomplishments and future directions [J]. Journal of business venturing, 2012, 27 (1): 143-165.

[47] ANDERSON N, POTOČNIK K, ZHOU J. Innovation and creativity in organizations: a state-of-the-science review, prospective commentary, and guiding framework [J]. Journal of management, 2014, 40 (5): 1297-1333.

[48] AMABILE T M, PRATT M G. The dynamic componential model of creativity and innovation in organizations: making progress, making meaning [J]. Research in organizational behavior, 2016, 36: 157-183.

[49] EBERHART R N, EESLEY C E, EISENHARDT K M. Failure is an option: institutional change, entrepreneurial risk, and new firm growth [J]. Organization science, 2017, 28 (1): 93-112.

[50] DEGEEST D S, FOLLMER E H, LANIVICH S E. Timing matters: when high-performance work practices enable new venture growth and productivity [J]. Journal of management, 2018, 44 (4): NP6-NP33.

[51] DAI J, LU X, QI H, et al. How to achieve entrepreneurial enterprise performance in entrepreneurial scenario?-based on the case study of China new energy passenger car company A [J]. Frontiers in psychology, 2022, 13: 946806.

[52] DEES J G. The meaning of social entrepreneurship [EB/OL]. (1998-10-31) [2025-04-16]. https://web.stanford.edu/group/e145/cgi-bin/spring/upload/handouts/dees_SE.pdf.

[53] MORT G S, WEERAWARDENA J, CARNEGIE K. Social entrepreneurship: towards conceptualisation [J]. International journal of nonprofit and voluntary sector marketing, 2003, 8 (1): 76-88.

[54] WEERAWARDENA J, MORT G S. Investigating social entrepreneurship: a multidimensional model [J]. Journal of world business, 2006, 41 (1): 21-35.

[55] ZAHRA S A, GEDAJLOVIC E, NEUBAUM D O, et al. A typology of social entrepreneurs: motives, search processes and ethical challenges [J]. Journal of business venturing, 2009, 24 (5): 519-532.

[56] POMERANTZ M. The business of social entrepreneurship in a "down

economy"［J］. In business，2003，25（2）：25-28.

［57］PEREDO A M，MCLEAN M. Social entrepreneurship：a critical review of the concept［J］. Journal of world business，2006，41（1）：56-65.

［58］徐虹，张妍，翟燕霞. 社会创业研究回顾与展望［J］. 经济管理，2020，42（11）：193-208.

［59］仇思宁，李华晶. 亲社会性与社会创业机会开发关系研究［J］. 科学学研究，2018，36（2）：304-312.

［60］张秀娥，张坤. 先前经验与社会创业意愿：自我超越价值观和风险倾向的中介作用［J］. 科学学与科学技术管理，2018，39（2）：142-156.

［61］BACQ S，ALT E. Feeling capable and valued：a prosocial perspective on the link between empathy and social entrepreneurial intentions［J］. Journal of business venturing，2018，33（3）：333-350.

［62］DOUGLAS E，PRENTICE C. Innovation and profit motivations for social entrepreneurship：a fuzzy-set analysis［J］. Journal of business research，2019，99：69-79.

［63］STIRZAKER R，GALLOWAY L，MUHONEN J，et al. The drivers of social entrepreneurship：agency，context，compassion and opportunism［J］. International journal of entrepreneurial behavior & research，2021，27（6）：1381-1402.

［64］陈劲，王皓白. 社会创业与社会创业者的概念界定与研究视角探讨［J］. 外国经济与管理，2007（8）：10-15.

［65］陈良勇，阮荣彬，万文海，等. 童年贫困经历对企业家社会创业导向的影响机制研究［J］. 管理评论，2022，34（3）：153-162.

［66］ALLISON T H，MCKENNY A F，SHORT J C. The effect of entrepreneurial rhetoric on microlending investment：an examination of the warm-glow effect［J］. Journal of business venturing，2013，28（6）：690-707.

［67］刘振，肖应钊，张玉利. 亲社会动机对社会创业双重导向的影响机理研究：市场化程度与工作经验隶属性的调节作用模型［J］. 南开管理评论，2021，24（2）：184-194.

［68］汪忠，程铭. 农民社会创业者亲社会动机、创业拼凑与创业绩效：环境动态性的调节作用［J］. 研究与发展管理，2022，34（4）：127-140.

［69］MILLER T L, GRIMES M G, MCMULLEN J S, et al. Venturing for others with heart and head: how compassion encourages social entrepreneurship［J］. Academy of management review, 2012, 37（4）: 616–640.

［70］ZHANG Y, TRUSTY J, GOROSHNIKOVA T, et al. Millennial social entrepreneurial intent and social entrepreneurial self-efficacy: a comparative entrepreneurship study［J］. Social enterprise journal, 2021, 17（1）: 20–43.

［71］HOCKERTS K. Determinants of social entrepreneurial intentions［J］. Entrepreneurship theory and practice, 2017, 41（1）: 105–130.

［72］FERNÁNDEZ-GUADALUO J, MARTÍN-LOPEZ S. Gender differences in social entrepreneurship: evidence from Spain［J］.Women's studies international forum, 2023, 96: 102663.

［73］杨英, 李岩, 张秀娥, 等. 正式制度与非正式制度如何驱动社会创业: 基于效率驱动型国家的QCA研究［J］. 科技进步与对策, 2021, 38（3）: 21–29.

［74］HLTADY-RISPAL M, SERVANTIE V. Deconstructing the way in which value is created in the context of social entrepreneurship［J］. International journal of management reviews, 2018, 20（1）: 62–80.

［75］WU Y J, WU T, ARNO SHARPE J. Consensus on the definition of social entrepreneurship: a content analysis approach［J］. Management decision, 2020, 58（12）: 2593–2619.

［76］MAIR J, MARTI I. Social entrepreneurship research: a source of explanation, prediction, and delight［J］. Journal of world business, 2006, 41（1）: 36–44.

［77］BAKER T, NELSON R E. Creating something from nothing: resource construction through entrepreneurial bricolage［J］. Administrative science quarterly, 2005, 50（3）: 329–366.

［78］HITT M A, HOSKISSON R E, KIM H. International diversification: effects on innovation and firm performance in product-diversified firms［J］. Academy of management journal, 1997, 40（4）: 767–798.

［79］LIU G, ENG T Y, TAKEDA S. An investigation of marketing capabilities and social enterprise performance in the UK and Japan［J］. Entrepreneurship theory and practice, 2015, 39（2）: 267–298.

［80］DESA G，BASU S. Optimization or bricolage？overcoming resource constraints in global social entrepreneurship［J］. Strategic entrepreneurship journal，2013，7（1）：26-49.

［81］李雪灵，刘京，刘源. 社会创业研究述评与展望：基于自我调节理论［J］. 江西财经大学学报，2024（3）：37-48.

［82］林顺浩. 社会创业行为实现路径及内在机理：一项扎根理论的探索［J］. 科技进步与对策，2022，39（12）：73-81.

［83］CANESTRINO R，ĆWIKLICKI M，MAGLIOCCA P，et al. Understanding social entrepreneurship: a cultural perspective in business research［J］. Journal of business research，2020，110：132-143.

［84］彭伟，于小进，郑庆龄，等. 资源拼凑、组织合法性与社会创业企业成长：基于扎根理论的多案例研究［J］. 外国经济与管理，2018，40（12）：55-70.

［85］ALVAREZ S A，BARNEY J B. Entrepreneurial opportunities and poverty alleviation［J］. Entrepreneurship theory and practice，2014，38（1）：159-184.

［86］SI S，YU X，WU A，et al. Entrepreneurship and poverty reduction: a case study of Yiwu，China［J］. Asia pacific journal of management，2015，32：119-143.

［87］DATTA P B，GAILEY R. Empowering women through social entrepreneurship: case study of a women's cooperative in India［J］. Entrepreneurship theory and practice，2012，36（3）：569-587.

［88］SURIE G. Creating the innovation ecosystem for renewable energy via social entrepreneurship: insights from India［J］. Technological forecasting and social change，2017，121：184-195.

［89］ZHANG X，SUN Y，GAO Y，et al. Paths out of poverty: social entrepreneurship and sustainable development［J］. Frontiers in psychology，2022，13：1062669.

［90］张秀娥，张坤. 创业导向对新创社会企业绩效的影响：资源拼凑的中介作用与规制的调节作用［J］. 科技进步与对策，2018，35（9）：91-99.

［91］CHANDNA V. Social entrepreneurship and digital platforms:

crowdfunding in the sharing-economy era［J］. Business horizons, 2022, 65（1）: 21-31.

［92］ESTRIN S, MICKIEWICZ T, STEPHAN U. Entrepreneurship, social capital, and institutions: social and commercial entrepreneurship across nations［J］. Entrepreneurship theory and practice, 2013, 37（3）: 479-504.

［93］AGARWAL S, LENKA U, SINGH K, et al. A qualitative approach towards crucial factors for sustainable development of women social entrepreneurship: Indian cases［J］. Journal of cleaner production, 2020, 274: 1-11.

［94］VAN TUYEN T, UY T C, LE PHI KHANH H, et al. Community-based tourism as social entrepreneurship promoting sustainable development in coastal communities: a study in Thua Thien Hue province, Central Vietnam［J］. Maritime studies, 2023, 22（1）: 8.

［95］彭伟, 于小进, 郑庆龄. 中国情境下的社会创业过程研究［J］. 管理学报, 2019, 16（2）: 229-237.

［96］HIGGINS-DESBIOLLES F. More than an "industry": the forgotten power of tourism as a social force［J］. Tourism management, 2006, 27（6）: 1192-1208.

［97］SHELDON P J, POLLOCK A, DANIELE R. Social entrepreneurship and tourism: setting the stage［M］// SHELDON P J, DANIELE R. Social entrepreneurship and tourism: philosophy and practice. Cham: Springer, 2017: 1-18.

［98］SHELDON P J, DANIELE R. Social entrepreneurship and tourism: philosophy and practice［M］. Cham: Springer, 2017: 6.

［99］AQUINO R S, LÜCK M, SCHÄNZEL H A. A conceptual framework of tourism social entrepreneurship for sustainable community development［J］. Journal of hospitality and tourism management, 2018, 37: 23-32.

［100］王心蕊, 赖清清, 陈钢华. 国内外旅游创业研究进展: 一个系统文献综述［J］. 旅游学刊, 2025, 40（3）: 116-134.

［101］ERGUL M, JOHNSON C. Social entrepreneurship in the hospitality and tourism industry: an exploratory approach［J］. Consortium journal of hospitality & tourism, 2011, 16（2）: 40-46.

［102］MODY M, DAY J, SYDNOR S. et al. Examining the motivations for social entrepreneurship using max weber's typology of rationality [J]. International journal of contemporary hospitality management, 2016, 28 (6): 1094-1114.

[103] KIMBU A N, NGOASONG M Z. Women as vectors of social entrepreneurship [J]. Annals of tourism research, 2016, 60: 63-79.

[104] CHIENGKUL W, TANTIPANICHKUL T, BOONCHOM W, et al. Social entrepreneurship of small and medium-sized entrepreneurs in Thailand: influence of institutional environment, entrepreneurial passions, and entrepreneurial self-efficacy [J]. Social enterprise journal, 2023, 19 (4): 370-389.

[105] SHARIFI-TEHRANI M, SEYFI S, ZAMAN M. At the intersection of tourism social entrepreneurship and empathy: development and validation of an empathy scale [J]. Journal of business research, 2022, 141: 433-447.

[106] ZHANG Y, XU H, JIA R, et al. Realizing common prosperity: the action logic of social entrepreneurship community mobilization in rural tourism [J]. Elementa: science of the anthropocene, 2022, 10 (1): 440-459.

[107] MAHATO S S, BLASCO D, PRATS L. Financing social entrepreneurship in tourism in a volatile environment [J]. Current issues in tourism, 2024, 27 (6): 923-938.

[108] WANG C, DUAN Z, YU L. From nonprofit organization to social enterprise: the paths and future of a Chinese social enterprise in the tourism field [J]. International journal of contemporary hospitality management, 2016, 28 (6): 1287-1306.

[109] PENG K, LIN P M C. Social entrepreneurs: innovating rural tourism through the activism of service science [J]. International journal of contemporary hospitality management, 2016, 28 (6): 1225-1244.

[110] AQUINO R S. Community change through tourism social entrepreneurship [J/OL]. Annals of tourism research, 2022, 95 (2022-06-23) [2025-04-16]. https://doi.org/10.1016/j.annals.2022.103442.

[111] BIDDULPH R. Social enterprise and inclusive tourism. five cases in Siem Reap, Cambodia [J]. Tourism geographies, 2018, 20 (4): 610-629.

[112] FARMER J, STEINER A, JACK S. Starting social enterprises

in remote and rural Scotland: best or worst of circumstances?[J]. International journal of entrepreneurship and small business, 2008, 6(3): 450-464.

[113] RICHTER R. Rural social enterprises as embedded intermediaries: the innovative power of connecting rural communities with supra-regional networks [J]. Journal of rural studies, 2019, 70: 179-187.

[114] BEST S, MYERS J. Prudence or speed: health and social care innovation in rural Wales[J]. Journal of rural studies, 2019, 70: 198-206.

[115] KELLY D, STEINER A, MAZZEI M, et al. Filling a void? the role of social enterprise in addressing social isolation and loneliness in rural communities [J]. Journal of rural studies, 2019, 70: 225-236.

[116] BARRAKET J. The state of social enterprise in Australia[J]. Third sector review, 2016, 22(2): 71-79.

[117] FISCHER E, QAIM M. Linking smallholders to markets: determinants and impacts of farmer collective action in Kenya[J]. World development, 2012, 40(6): 1255-1268.

[118] MARKELOVA H, MEINZEN-DICK R, HELLIN J, et al. Collective action for smallholder market access[J]. Food policy, 2009, 34(1): 1-7.

[119] VALENTINOV V. Why are cooperatives important in agriculture? an organizational economics perspective[J]. Journal of institutional economics, 2007, 3(1): 55-69.

[120] 毛世平,张帅,张舰. 美国、欧盟和日本农业合作社发展经验及其借鉴[J]. 财经问题研究, 2024(1): 115-129.

[121] 郭家宏,徐铱景. 工人阶级的自助和互助:19世纪英国消费合作运动探析[J]. 史学月刊, 2012(12): 101-107.

[122] 李亮,柏振忠. 国外农业合作社典型模式比较及中国借鉴[J]. 理论月刊, 2017(4): 178-182.

[123] 任强. 政府角色与合作社发展:历史与比较的视野[J]. 浙江学刊, 2014(3): 185-193.

[124] 王树桐,戎殿新. 世界合作社运动史[M]. 济南:山东大学出版社, 1996: 52.

[125] 高兴民,郭芹. 借鉴国外经验推动农民专业合作社发展[J]. 甘肃社会科学, 2017(6): 199-205.

［126］王玉斌，郭娜英，赵铁桥．德国农民合作社考察及其启示［J］．华中农业大学学报（社会科学版），2020（5）：160-167，176．

［127］孙春，孙婷，孔祥智．德国农业合作社发展历程及经验借鉴［J］．世界农业，2010（8）：54-58．

［128］刘媛媛．德国莱夫艾森农村信用合作社发展历程及启示［J］．世界农业，2012（4）：51-53．

［129］王太明，王丹．德国农业合作社的发展现状、特点及启示［J］．农业经济，2022（4）：29-31．

［130］秦利，田雨虹．美国政府对农民专业合作社发展的政策支持［J］．世界农业，2017（1）：104-108．

［131］李旭，李雪，宋宝辉．美国农业合作社发展的特点、经验及启示［J］．农业经济，2018（11）：9-11．

［132］苑鹏．日本综合农协的发展经验及其对中国农村合作社道路的借鉴［J］．农村经济，2015（5）：118-122．

［133］赵冉，苏群．美国、日本农业合作社发展特点及启示［J］．世界农业，2016（5）：26-29．

［134］刘松涛，梁颖欣，罗炜琳．日本综合农协的发展变迁、经验教训及对中国农民合作社的镜鉴［J］．世界农业，2022（2）：28-41．

［135］侯敬，李梦洁，张亭好，等．日本农协六次产业化对中国农民合作社产业化发展的启示［J］．世界农业，2022（7）：28-37．

［136］金海兰，张小军．合作化的共生经济：日本生活合作社运动的根基［J］．探索与争鸣，2021（4）：112-122．

［137］邓道才，郑蓓．中国"合作社式"农业保险模式探究：基于日本农业共济制度的经验［J］．经济体制改革，2015（4）：184-189．

［138］邓军蓉，何蒲明．印度阿牟尔合作社经验及对中国粮食类合作社的启示［J］．世界农业，2015（9）：188-190．

［139］郭家栋．国外农民合作社政策支持的经验与借鉴［J］．世界农业，2017（2）：54-58．

［140］黄正多．合作社发展：印度的经验与教训［J］．南亚研究季刊，2008（1）：61-65．

［141］高鸣，芦千文．中国农村集体经济：70年发展历程与启示［J］．中国农村经济，2019（10）：19-39．

[142]王文举,董晓波,董刚.中国合作经济发展与和谐社会构建研究[M].合肥:合肥工业大学出版社,2007:146-147.

[143]孔祥智.中国农民合作经济组织的发展与创新(1978—2018)[J].南京农业大学学报(社会科学版),2018,18(6):1-10.

[144]申龙均,潘峻岳.农民合作社研究[M].北京:北京理工大学出版社,2015:78.

[145]王军,王真,刘纪荣.赋能中国式农业农村现代化:新时代深化供销合作社综合改革的三重逻辑[J].新疆师范大学学报(哲学社会科学版),2023,44(4):89-101.

[146]慈教进.乡村振兴视阈下中国农民合作社的发展现状、现实困境与路径选择[J].农业经济,2023(12):76-77.

[147]王昆.口述史:一种集体记忆视域下村落文化变迁的研究方法[J].西北民族大学学报(哲学社会科学版),2021(3):78-85.

[148]斯科特.农民的道义经济学:东南亚的反叛与生存[M].程立显,刘建,等译.南京:译林出版社,2001:19-32.

[149]波兰尼.巨变:当代政治与经济的起源[M].黄树民,译.北京:社会科学文献出版社,2013:109-127.

[150]黄宗智.华北的小农经济与社会变迁[M].北京:法律出版社,2014:7.

[151]杜赞奇.文化、权力与国家:1900—1942年的华北农村[M].王福明,译.南京:江苏人民出版社,2024:1-2.

[152]陈志永,刘锋.社会转型背景下村寨集体行动何以可能:堂安侗寨村民自组织能力的社会人类学考察[J].黑龙江民族丛刊,2018(5):81-88.

[153]COASE R H. The problem of social cost[J]. Journal of law and economics,1960,3:1-44.

[154]DAVIS L,NORTH D C. Institutional change and American economic growth[M]. London:Cambridge University Press,1971:131-149.

[155]董新辉.新中国70年宅基地使用权流转:制度变迁、现实困境、改革方向[J].中国农村经济,2019,6(2):2-27.

[156]张红宇.中国农村土地产权政策:持续创新:对农地使用制度变革的重新评判[J].管理世界,1998(6):168-177.

[157] 黄红华. 股份合作制意义再探讨：农村集体资产股份合作制改革的三重意义［J］. 毛泽东邓小平理论研究，2004（9）：71-74.

[158] 肖卫东，梁春梅. 农村土地"三权分置"的内涵、基本要义及权利关系［J］. 中国农村经济，2016（11）：17-29.

[159] 吴重庆. 无主体熟人社会［J］. 开放时代，2002（1）：121-122.

[160] 贺雪峰. 乡村振兴与农村集体经济［J］. 武汉大学学报（哲学社会科学版），2019，72（4）：185-192.

[161] 贺雪峰. 退出权、合作社与集体行动的逻辑［J］. 甘肃社会科学，2006（1）：213-217.

[162] 贺雪峰. 沿海发达地区农村国家与农民关系［J］. 社会科学战线，2017（9）：164-170.

[163] 黄胤英，温铁军. 农村基本制度建设与农业稳定增长：山东省平度市农村1987—1996年综合性制度试验的实证研究［J］. 中国软科学，2008（12）：37-45.

[164] 谢治菊，黄美仪. 新型农村集体经济何以有效运行？——基于三种实践模式的探索性分析［J］. 中国农村观察，2025（2）：3-25.

[165] 邓金钱. 新型农村集体经济赋能脱贫户生计转型：优势、机制与进路［J］. 中国人口·资源与环境，2023，33（2）：143-152.

[166] 崔霞. 新型农村集体经济促进农村共同富裕的内在机理分析：以湖北省S村和浙江省Q村为例［J］. 社会保障研究，2024（4）：31-38.

[167] 林艳艳. 集体产权制度赋能乡村治理现代化的逻辑、困境与策略［J］. 农业经济，2025（1）：59-62.

[168] 张岳，张博，易福金. 乡村数字治理与农村集体行动［J］. 中国农村观察，2024（6）：98-121.

[169] 陈元. 数字赋能农村集体资产治理：框架、逻辑及机制：基于双流区案例的考察［J］. 农村经济，2025（1）：163-173.

[170] MONTGOMERY W A，DACIN A P，DACIN T M. Collective social entrepreneurship：collaboratively shaping social good［J］. Journal of business ethics，2012，111（3）：375-388.

[171] 王世强. "社会企业"概念解析［J］. 武汉科技大学学报（社会科学版），2012，14（5）：495-500.

[172] SPEAR R. Social entrepreneurship：a different model？［J］.

International journal of social economics, 2006, 33（5/6）: 399-410.

［173］何秀荣. 农业合作社的起源、发展和变革［J］. 社会科学战线, 2022（10）: 66-75.

［174］BORZAGA C, DEFOURNY J. Social enterprises in Europe: a diversity of initiatives and prospects［M］// BORZAGA C, DEFOURNY J. The emergence of social enterprise. London and New York: Routledge, 2001: 350-370.

［175］王晨光. 集体化乡村旅游发展模式对乡村振兴战略的影响与启示［J］. 山东社会科学, 2018（5）: 34-42.

［176］GUBA E G, LINCOLN Y S. Competing paradigms in qualitative research［M］// Handbook of qualitative research. 2nd ed. Thousand Oaks: Sage publications, 1994: 163-194.

［177］CRESELL J W. 30 essential skills for the qualitative researcher［M］. Thousand Oaks: Sage Publications, 2016.

［178］BRAUN V, CLARKE V. Using thematic analysis in psychology［J］. Qualitative research in psychology, 2006, 3（2）: 77-101.

［179］STEINER A, CLEARY J. What are the features of resilient businesses? exploring the perception of rural entrepreneurs［J］. Journal of rural community development, 2014, 9（3）: 1-20.

［180］SCHOUTEN M A, VAN DER HEIDE C M, HEIJMAN W J, et al. A resilience-based policy evaluation framework: application to European rural development policies［J］. Ecological economics, 2012, 81: 165-175.

［181］GALLOWAY L. Can broadband access rescue the rural economy?［J］. Journal of small business and enterprise development, 2007, 14（4）: 641-653.

［182］BARRUTIA J M, ECHEBARRIA C, AGUADO-MORALEJO I, et al. Leading smart city projects: government dynamic capabilities and public value creation［J］. Technological forecasting and social change, 2022, 179: 121679.

［183］HAGGBLADE S, HAZELL P, DOROSH P A. Sectoral growth linkages between agriculture and the rural nonfarm economy［M］//HAGGBLADE S, HAZELL P, eds. Transforming the rural nonfarm economy: opportunities and threats in the developing world. Baltimore: Johns Hopkins University Press, 2007: 141-182.

[184] 文军, 沈东. 当代中国城乡关系的演变逻辑与城市中心主义的兴起: 基于国家、社会与个体的三维透视[J]. 探索与争鸣, 2015 (7): 71-77.

[185] 刘守英. 中国城乡二元土地制度的特征、问题与改革[J]. 国际经济评论, 2014 (3): 9-25.

[186] 李增元. 开放、流动社会中的农村社区治理改革与创新[J]. 社会主义研究, 2014 (2): 121-127.

[187] STEINER A, TEASDALE S. Unlocking the potential of rural social enterprise[J]. Journal of rural studies, 2019, 70: 144-154.

[188] LAN H, ZHU Y, NESS D, et al. The role and characteristics of social entrepreneurs in contemporary rural cooperative development in China: case studies of rural social entrepreneurship[J]. Asia pacific business review, 2014, 20 (3): 379-400.

[189] VAN DE VEN A H, SAPIENZA H J, VILLANUEVA J. Entrepreneurial pursuits of self-and collective interests[J]. Strategic entrepreneurship journal, 2007, 1 (3-4): 353-370.

[190] GONZÁLEZ-RODRÍGUEZ M R, DÍAZ-FERNÁNDEZ M C, SIMONETTI B. The social, economic and environmental dimensions of corporate social responsibility: the role played by consumers and potential entrepreneurs[J]. International business review, 2015, 24 (5): 836-848.

[191] 於流芳, 尹继东, 许水平. 供给侧改革驱动下创新主体异质性与创新联盟关系风险[J]. 科技进步与对策, 2017, 34 (5): 6-13.

[192] MURALIDHARAN E, PATHAK S. Consequences of cultural leadership styles for social entrepreneurship: a theoretical framework[J]. Sustainability, 2019, 11 (4): 965.

[193] STEPHAN U, UHLANER L M, STRIDE C. Institutions and social entrepreneurship: the role of institutional voids, institutional support, and institutional configurations[J]. Journal of international business studies, 2015, 46 (3): 308-331.

[194] YANG X, SHENG S. Transferring political capabilities into formal entrepreneurship: the moderating role of market development in emerging markets[J]. IEEE transactions on engineering management, 2024, 71: 1504-1518.

［195］NEUMANN T. The impact of entrepreneurship on economic, social and environmental welfare and its determinants: a systematic review［J］. Management review quarterly, 2021, 71（4）: 553-584.

［196］MENS J, VAN BUEREN E, VRIJHOEF R, et al. A typology of social entrepreneurs in bottom-up urban development［J］. Cities, 2021, 110: 103066.

［197］允春喜, 王飒. 乡村振兴中精英俘获现象的生成逻辑及其破解: 基于鄂东C村的个案研究［J］. 东北大学学报（社会科学版）, 2025, 27（2）: 66-76.

［198］田双清, 姜海, 陈磊. 农民权益与政府公利的行动逻辑及制度平衡［J］. 西南大学学报（社会科学版）, 2021, 47（2）: 81-90.

［199］WANG X, HUANG Y, HUANG K. How does social entrepreneurship achieve sustainable development goals in rural tourism destinations? the role of legitimacy and social capital［J/OL］. Journal of sustainable tourism, 2024:1-19（2024-01-30）［2025-04-16］.https://doi.org/10.1080/09669582.2024.2309546.

［200］BROWN S R. A primer on Q methodology［J］. Operant subjectivity, 1993, 16（3/4）: 91-138.

［201］CROUCH D. Tourism, consumption and rurality［M］//CLOKE P, MARSDEN T, MOONEY P H, eds. Handbook of rural studies. London: Sage Publications, 2006: 355-363.

［202］EDENSOR T. Performing tourism, staging tourism:（re）producing tourist space and practice［J］. Tourist studies, 2001, 1（1）: 59-81.

［203］SUCHMAN M C. Managing legitimacy: strategic and institutional approaches［J］. Academy of management review, 1995, 20（3）: 571-610.

［204］SCOTT W R. Institutions and organizations: ideas and interests［M］. Thousand Oaks: Sage Publications, 2008.

［205］WANG M, RASOOLIMANESH S M, KUNASEKARAN P. A review of social entrepreneurship research in tourism: knowledge map, operational experiences, and roadmaps［J］. Journal of sustainable tourism, 2022, 30（8）: 1777-1798.

［206］GREENWOOD R, RAYNARD M, KODEIH F, et al. Institutional complexity and organizational responses［J］. Academy of management annals, 2011, 5（1）: 317-371.

［207］DORADO S, VENTRESCA M J. Crescive entrepreneurship in complex social problems: institutional conditions for entrepreneurial engagement［J］. Journal of business venturing, 2013, 28（1）: 69-82.

［208］CHERRIER H, GOSWAMI P, RAY S. Social entrepreneurship: creating value in the context of institutional complexity［J］. Journal of business research, 2018, 86: 245-258.

［209］BHATI A, PEARCE P. Tourist attractions in Bangkok and Singapore; linking vandalism and setting characteristics［J］. Tourism management, 2017, 63: 15-30.

［210］CISNEROS-MARTÍNEZ J D, MCCABE S, FERNÁNDEZ-MORALES A. The contribution of social tourism to sustainable tourism: a case study of seasonally adjusted programmes in Spain［J］. Journal of sustainable tourism, 2018, 26（1）: 85-107.

［211］MUÑOZ P, KIBLER E. Institutional complexity and social entrepreneurship: a fuzzy-set approach［J］. Journal of business research, 2016, 69（4）: 1314-1318.

［212］COLEMAN J S. Social capital in the creation of human capital［J］. American journal of sociology, 1988, 94: S95-S120.

［213］WILLIAMS D. On and off the 'Net: scales for social capital in an online era［J］. Journal of computer-mediated communication, 2006, 11（2）: 593-628.

［214］PUTNAM R D. Bowling alone: the collapse and revival of American community［M］. New York: Simon and Schuster, 2000: 16-40.

［215］LANG R, FINK M. Rural social entrepreneurship: the role of social capital within and across institutional levels［J］. Journal of rural studies, 2019, 70: 155-168.

［216］SZRETER S, WOOLCOCK M. Health by association? social capital, social theory, and the political economy of public health［J］. International journal of epidemiology, 2004, 33（4）: 650-667.

［217］JACK S L, ANDERSON A R. The effects of embeddedness on the entrepreneurial process［J］. Journal of business venturing, 2002, 17（5）: 467-487.

［218］MUNOZ S A, STEINER A, FARMER J. Processes of communityled social enterprise development: learning from the rural context [J]. Community development journal, 2015, 50 (3): 478-493.

[219] CHATZICHRISTOS G, NAGOPOULOS N. Social entrepreneurship and institutional sustainability: insights from an embedded social enterprise [J]. Voluntas: international journal of voluntary and nonprofit organizations, 2020, 31 (3): 484-493.

[220] HANSMANN R, MIEG H A, FRISCHKNECHT P. Principal sustainability components: empirical analysis of synergies between the three pillars of sustainability [J]. International journal of sustainable development & world ecology, 2012, 19 (5): 451-459.

[221] SAMKANGE F, RAMKISSOON H, CHIPUMURO J, et al. Innovative and sustainable food production and food consumption entrepreneurship: a conceptual recipe for delivering development success in South Africa [J]. Sustainability, 2021, 13 (19): 11049.

[222] SLOAN P, LEGRAND W, SIMONS-KAUFMANN C. A survey of social entrepreneurial community-based hospitality and tourism initiatives in developing economies: a new business approach for industry [J]. Worldwide hospitality and tourism themes, 2014, 6 (1): 51-61.

[223] MACKENZIE N, GANNON M J. Exploring the antecedents of sustainable tourism development [J]. International journal of contemporary hospitality management, 2019, 31 (6): 2411-2427.

[224] KRISTJÁNSDÓTTIR K R, ÓLAFSDÓTTIR R, RAGNARSDÓTTIR K V. Reviewing integrated sustainability indicators for tourism [J]. Journal of sustainable tourism, 2018, 26 (4): 583-599.

[225] DAHLES H, KHIENG S, VERVER M, et al. Social entrepreneurship and tourism in Cambodia: advancing community engagement [J]. Journal of sustainable tourism, 2020, 28 (6): 816-833.

[226] MOVONO A, HUGHES E. Tourism partnerships: localizing the SDG agenda in Fiji [J]. Journal of sustainable tourism, 2022, 30 (10): 2318-2332.

[227] ARAGON-CORREA J A, MARTIN-TAPIA I, DE LA TORRE-RUIZ J. Sustainability issues and hospitality and tourism firms' strategies: analytical

review and future directions [J]. International journal of contemporary hospitality management, 2015, 27 (3): 498-522.

[228] RAUB S P, MARTIN-RIOS C. "Think sustainable, act local" -a stakeholder-filter-model for translating SDGs into sustainability initiatives with local impact [J]. International journal of contemporary hospitality management, 2019, 31 (6): 2428-2447.

[229] 周华. 益贫式增长的定义、度量与策略研究: 文献回顾 [J]. 管理世界, 2008 (4): 160-166.

[230] 林煦丹, 尹铎, 田双, 等. 地理学视角下再野化的概念与理论逻辑辨析 [J]. 地理学报, 2025, 80 (3): 605-619.

[231] FRASER N. Injustice at intersecting scales: on 'social exclusion' and the 'global poor' [J]. European journal of social theory, 2010, 13 (3): 363-371.

[232] GIDDENS A. The consequence of modernity [J]. Polity, 1990, 53 (3): 325-327.

[233] AIDARA A. Skilled gambians abroad: stay or leave? how migration and embeddedness theories can explain their decisions [D]. The Hague: Erasmus University Rotterdam, 2016.

[234] 王心蕊, 孙九霞. 旅游发展背景下农村劳动力回流迁移研究: 影响因素与代际差异 [J]. 旅游学刊, 2021, 36 (4): 58-69.

[235] TURNER J C, TAJFEL H. The social identity theory of intergroup behavior [J]. Psychology of intergroup relations, 1986, 5: 7-24.